潜心育人
"三全育人"的理论与实践探讨

QIANXIN YUREN
"SANQUAN YUREN" DE LILUN YU SHIJIAN TANTAO

张恩祥　范宝祥　主编

中国政法大学出版社

2022·北京

图书在版编目（ＣＩＰ）数据

潜心育人："三全育人"的理论与实践探讨/张恩祥，范宝祥主编. —北京：中国政法大学出版社，2022.7

ISBN 978-7-5764-0587-3

Ⅰ.①潜⋯　Ⅱ.①张⋯　②范⋯　Ⅲ.①高等学校—思想政治教育—研究—北京　Ⅳ.①G641

中国版本图书馆CIP数据核字(2022)第134366号

出 版 者　　中国政法大学出版社

地　　址　　北京市海淀区西土城路 25 号

邮寄地址　　北京 100088 信箱 8034 分箱　邮编 100088

网　　址　　http://www.cuplpress.com (网络实名：中国政法大学出版社)

电　　话　　010-58908441(编辑室) 58908334(邮购部)

承　　印　　北京九州迅驰传媒文化有限公司

开　　本　　720mm×960mm　1/16

印　　张　　9.75

字　　数　　155 千字

版　　次　　2022 年 7 月第 1 版

印　　次　　2022 年 7 月第 1 次印刷

定　　价　　49.00 元

编委会

主　　　编：张恩祥　范宝祥

副　主　编：马振龙

编委会成员：章延文　马丽萍　陈　静　蒋丽萍

　　　　　　窦星丽　姜永波　郭一超

前　言

习近平总书记在全国高校思想政治工作会议上强调，要坚持把立德树人作为中心环节，把思想政治工作贯穿教育教学全过程，实现全程育人、全方位育人，努力开创我国高等教育事业发展新局面。北京联合大学生物化学工程学院将立德树人作为立身之本，结合学院完全学分制改革和学院育人工作实际，着力建立健全"三全育人"体制机制，不断提升人才培养的针对性和实效性，切实肩负起培养德智体美劳全面发展的社会主义建设者和接班人的神圣使命。

生物化学工程学院作为北京联合大学首批"三全育人"试点学院，聚焦实现全员、全过程、全方位育人，制定了《北京联合大学生物化学工程学院"三全育人"试点项目实施方案》，大力推动理论创新和实践探索，坚持以学生为中心，着力学生的"四个自觉"，深化"六个融合"，筑牢"三个保障"，开展"五个工程"，形成了"课程门门有思政，教师人人讲育人"的氛围，"三全育人"呈现出生机勃勃的崭新局面。

通过"三全育人"的试点工作，学院首先认真而深入地进行了理论学习和研讨，达成了共识。"三全育人"的出发点是育人，就是要以学生为中心，"围绕学生、关照学生、服务学生"，努力培养德智体美劳全面发展的社会主义建设者和接班人；"三全育人"的中心在"育"，重心在"全"，从"教"走向"育"，需要的是育人氛围，即要实现人人讲育人，处处讲育人，时时讲育人；"三全育人"要讲成效，立德树人的成效是检验工作的唯一标准。通过讨论，全院教师从思想上达成育人共识，继而形成育人的行动自觉。

在进行理论探讨的同时，学院也进行了不懈地实践探索。本书从完全学分制、班集体、导师、科技活动等多视角探讨育人实践，希望教师们能从中得到启发，探寻育人的新途径和新载体，创造人新成效。但由于试点工作时间不长，学院在"三全育人"理论认识上仍处于初级阶段，对其研究不够深入，在实践探索中缺少显著的成效。因能力有限，书中可能存在诸多不足，望广大读者批评指正。

北京联合大学生物化学工程学院《潜心育人》编委会

目 录

"三全育人"概述

  2016年12月，习近平总书记在全国高校思想政治工作会议上指出："高校思想政治工作关系高校培养什么样的人、如何培养人以及为谁培养人这个根本问题。要坚持把立德树人作为中心环节，把思想政治工作贯穿教育教学全过程，实现全程育人、全方位育人，努力开创我国高等教育事业发展新局面。"[1]自此，全国高校不断深入学习贯彻会议精神。北京联合大学作为一所城市型、应用型大学，也在不断地学习并结合自身实际情况认真贯彻落实会议精神。高校作为现代化、国际化、复合型人才培养的重要阵地和实现中华民族伟大复兴的智力高地、人才高地，对实现全员、全过程、全方位育人的战略目标和构建"立德树人""三全育人"的思想政治工作大格局提出了新的要求，这对提升我国高等教育水平、培养当代优秀大学生、增强国家核心竞争力具有十分重要的意义。

第一节　"三全育人"的内涵特点

  "三全育人"是指全员育人、全过程育人、全方位育人。只有理解"三全育人"的内涵，把握"三全育人"的基本特征，才能掌握"三全育人"的规律。

一、"三全育人"的内涵

  "三全育人"可以从广义和狭义两个方面去理解。广义上的"三全育人"

---

〔1〕习近平："把思想政治工作贯穿教育教学全过程 开创我国高等教育事业发展新局面"，载《人民日报》2016年12月9日，第1版。

是一种教育理念，贯穿于教育的各个方面，而非简单地等同于德育范畴内的德育指导思想。狭义上的"三全育人"则侧重于德育理念，强调在德育体系内，从"全员""全过程""全方位"三个方面来调动德育各方面的力量。

（一）全员育人的内涵

全员育人是"三全育人"理念中的育人支持系统，其涉及的育人要素包括教育过程中具有能动性的各类参与者，如在校学生、家庭成员、学校教工、社会力量等。在参与者中，承担学校育人职责的教育主体既包括思想政治理论课教师和辅导员，也包括通识课教师、专业课教师、学生工作管理人员、后勤服务管理人员等。在全员育人中，教职工各部门与学生之间的学习、教育、管理、服务关系明晰，沟通顺畅，相互联动，从而把思想政治教育工作真正落到实处，通过营造良好的育人氛围，构建全员育人的思想政治大格局。

中国特色社会主义进入了新时代，时代的变化和社会的发展对大学生提出了新的要求，在这种大的社会背景下，"三全育人"中的全员育人除了教育大学生响应时代号召，实现自我价值，也更加注重家庭、学校、朋辈、社区等具有直观影响的各种微观社会环境对大学生的培育作用。这些微观社会环境中的全体人员都被纳入"全员"概念之中，他们的言传身教、管理服务、呵护指导无时无刻不在影响着大学生的思想观念、价值导向和社会行为。因此，当家庭、高校和社会力量积极参与到育人工作中时，就会形成协同育人格局，实现全员育人的目标。

（二）全过程育人的内涵

全过程育人的"过程"具有时空二重性，即在时间上包括从招生、入学、学习到毕业的各个阶段，在空间上则涵盖了对学生开展教育、管理、服务、咨询、资助等各个环节，既包括校内，也包括校外。总的来说，全过程育人指的是从招生到毕业，从课内到课外，从校内到校外，从理论到实践，从个体到群体，把立德树人贯穿到教育的各个阶段、渗透到管理的各个环节、覆盖到成长的各个领域。

全过程育人在中国特色社会主义新时代也具有新的时代特征和内核。首先，新时代的思想政治工作呈现出向前延伸、向后拓展的发展态势，新时代下我们要坚持终身教育的理念，把立德树人作为一项长期工作来做，将其贯穿于大学生学习与成长的整个过程。同时，在社会经济快速发展和国际化趋势日益明显的环境中，全过程育人也要兼顾教育规律和身心发展规律，根据不同学生的个体特点和不同阶段的学习重点做到因材施教，有计划、有针对性、分阶段地做好大学生思想政治理念教育工作，促进大学生的成长和成才。

（三）全方位育人的内涵

全方位育人强调育人成效的全面性，在教育场域上是第一课堂、第二课堂和网络虚拟空间的结合；在育人指向上包括德育、智育、体育、美育、劳育的全面结合；在教育形式上包括显性教育与隐性教育的结合；在教育内容上包括"思政课程"和"课程思政"的结合；在教育途径上包括课堂教学和社会实践的结合。

在中国特色社会主义新时代全方位育人中，立德树人的教育工作要从线上延伸到线下，从课内延伸到课外，从校内延伸到校外，丰富思政教育的资源，拓展思政教育的形式和传播途径，全方面聚焦育人主题。"思想政治工作决不是单纯一条线的工作，而应该是全方位的，无处不在、无时不在的"。[1]高校的德育工作应当注重大学生的全面发展，致力于培养大学生的全面素质，实现校园文化、网络文化和社会文化的有机融合与全方位覆盖，全面构建学生成长成才教育、管理、服务体系。

二、"三全育人"的特点

要构建"三全育人"的"思政教育"大格局，就需要准确理解和把握新时代"三全育人"的时代特征与价值，从而树立先进的教育理念、掌握科学有效的教育方法。

（一）系统性

由于"三全育人"是一个整体性、战略性的系统工程，中国特色社会主义新时代下大学生的思想政治教育工作强调突出系统观念，从高校思想政治工作整体出发，协作开展高校学生管理、教学管理、素质教育、社会实践等各环节的工作，整合线上线下、校内校外等各种教育资源，调动教育过程中所有参与者的积极主动性，发挥全员全岗职责，相互协作，壮大"三全育人"

---

〔1〕 人民日报评论员："坚持党对教育事业的全面领导——论学习贯彻习近平总书记全国教育大会重要讲话"，载《人民日报》2018年9月18日，第2版。

的整体力量。

在教育方式上，新时代的"三全育人"同样突出以系统观念开展大学生的思想政治教育，在立德树人、德育为先的新时代背景下，通过显性教育与隐性教育相结合、人文教育与科学教育相结合、"思政课程"与"课程思政"相结合，以润物细无声的方式，提升学生的思想道德水平和专业知识水平，培养学生的实践创新能力。

（二）全面性

"三全育人"突出育人工作的全面性，以学生为教育的主体，从时代发展和社会发展的实际需求出发，致力于大学生德智体美劳等各方面综合素质的教育与提升。"三全育人"强调人的全面发展，一方面要加强大学生知识技能体系的建设，另一方面要提高大学生的生理素质和心理素质，使其适应时代的发展和社会的进步。作为新时代的大学生，在日常的学习生活中，在加强知识学习的同时，也要注重德育、体育、美育等各方面素质与能力之间的相互协调和促进。

（三）实践性

"三全育人"关注高校育人工作中的现实问题，目前高校育人工作还存在一些现实问题，这些问题既体现在思想认识和体制机制方面，也体现在方式方法和具体实践方面。但是不管属于哪方面的问题，其根本原因还是需要进一步加强"围绕学生、关照学生、服务学生"的育人意识。长期以来，高校育人工作队伍主要包括学生思想政治工作者和思想政治理论课教学工作者两类。而育人主体责任在高校其他教职工群体中则显得有些模糊不清，在承担育人责任和育人效果评估方面也缺乏行之有效的考核方式。由于育人工作过度集中于这两支队伍，高校育人工作在教育资源整合、育人意识提升、工作方式转变、教育时空拓展等方面都不能很好地满足现代人才培养需求，同时也会不同程度地加重"重教书、轻育人""重智育、轻德育""重科研、轻教学""重管理、轻育人"等不正常的现象，无法真正做到全过程育人和全方位育人。同时，由于育人工作目前的协同效应还比较薄弱，育人工作的载体还不够丰富，工作方法比较单一，高校"三全育人"工作亟需进行供给侧结构性改革，实现供给侧结构性改革与需求侧管理有效协同。新时代"三全育人"工作的核心理念可以很好地解决以上的现实问题。其核心理念在于通过培养和加强"人人育人、时时育人、处处育人"的工作意识，提高科学育人的供给，解决思想政治工作需求侧新变化带来的相应问题。

第二节 "三全育人"的发展历程

"三全育人"理论虽然与中国传统教育思想和国外某些优秀教育理论有一定的关联，但严格意义上来说，"三全育人"理论是与我国国情相适应的特有的教育理念，是我国经济、政治和教育发展到一定阶段的必然产物。

一、"三全育人"的萌芽期

"三全育人"的理念萌芽于建国初期，早在 1950 年 8 月 2 日在北京召开的中国教育工会第一次全国代表大会上，参会代表即提出了"教书育人，管理育人，服务育人"的倡议，该倡议代表了一种对教育理念和教育模式的新探索，在中国教育改革历史上具有重要的历史意义。1957 年，毛泽东同志在《关于正确处理人民内部矛盾的问题》中指出："思想政治工作，各个部门都要负责任。共产党应该管，共青团应该管，政府主管部门应该管，学校的校长教师更应该管。"毛泽东同志的这段论述，已经体现了全员育人思想的萌芽，对"三全育人"理念的发展具有重要的指导意义。

二、"三全育人"的探索期

"文革"后，教育改革逐渐复苏。到了 20 世纪 80 年代，改革开放与社会发展对教育体制提出了新的要求，教育体制必须要深化改革，才能与政治体制、经济体制、科技体制的改革与变化相适应。邓小平同志指出"教育要面向现代化、面向世界、面向未来"，要培养"有理想、有道德、有文化、有纪律的社会主义新人"。教育的"三个面向"和培养"四有"新人的概念与目标为我国的高等教育确立了教育工作的发展方向。1996 年 10 月，党的十四届六中全会通过了《中共中央关于加强社会主义精神文明建设若干重要问题的决议》，根据党中央精神，中国教育工会通过在全国广泛开展以加强师德建设为中心的"树师表形象、创文明校风，为实现跨世纪宏伟目标作贡献"的活动，大力加强教师队伍建设和精神文明建设，在教育领域深化和推广集教育育人、管理育人和服务育人于一体的"三育人"工作。

三、"三全育人"的发展期

1999 年,中共中央、国务院全面贯彻落实党的十五大精神,发布了《关于深化教育改革全面推进素质教育的决定》,提出要全面推进素质教育,深化教育改革,优化队伍结构,提高教师素质。江泽民同志在全国教育工作会议上提出要以培养学生的创新精神和实践能力为重点,努力造就"有理想、有道德、有文化、有纪律"的,德育、智育、体育、美育等全面发展的社会主义事业建设者和接班人。这是我国教育发展史上重要的里程碑,传统的应试教育理念逐渐被素质教育目标取代。教育领域已经开始通过教育改革实践初步探索全面育人的实施途径。例如,建立全员育人的网络系统,扩展教育的时空场域;建立全面育人的指导、执行和保障机制,通过加强两课、开展社会实践等方式丰富全面育人的制度建设与实践。

四、"三全育人"的成熟期

从 2004 年开始,"三全育人"进入成熟完善期。2004 年 8 月,中共中央、国务院发布《关于进一步加强和改进大学生思想政治教育的意见》,指出了提高大学生思想政治素质的重要战略意义,提出了进一步加强和改进大学生思想政治教育的指导思想、基本原则、主要任务和有效途径。在党中央政策的指引下,教育界尤其是全国高校掀起了关于"三全育人"的研究热潮。2005年 1 月,在全国加强和改进大学生思想政治教育工作会议上,胡锦涛同志指出了大学生思想政治教育工作的全面性,明确提出"加强和改进大学生思想政治教育工作是一项系统工程","各高校要切实担负起加强和改进思想政治教育工作的责任,建立健全党委统一领导、党政群齐抓共管、全体教职员工全员育人、全方位育人、全过程育人的工作机制。"这是党中央第一次明确提出"三全育人"的口号,进一步鼓舞和促进了"三全育人"在全国高校的理论探索与教育实践。

五、"三全育人"的完善期

2016 年 12 月,习近平总书记在全国高校思想政治工作会议上强调:"高校思想政治工作关系高校培养什么样的人、如何培养人以及为谁培养人这个根本问题。要坚持把立德树人作为中心环节，把思想政治工作贯穿教育教学全过程，实现全程育人、全方位育人，努力开创我国高等教育事业发展新局面。"[1]2017年2月，中共中央、国务院在印发的《关于加强和改进新形势下高校思想政治工作的意见》中强调了"三全育人"的重要性："坚持全员全过程全方位育人。把思想价值引领贯穿教育教学全过程和各环节，形成教书育人、科研育人、实践育人、管理育人、服务育人、文化育人、组织育人长效机制。"该意见的发布标志着"三全育人"建设工作进入了完善期。党的十九大对教育领域的思想政治工作提出了新任务和新要求，目前我们正处于新时代的新起点上，面对复杂的国际形势和国内经济、社会发展转型期所带来的各种挑战，我们应当用习近平新时代中国特色社会主义思想统领高校思想政治工作，深化高等教育综合改革，推进高校思想政治工作的创新发展。为此，高校思想政治教育工作需要推动"三全育人"综合改革，在工作理念、工作机制、工作方法、内容资源等方面探索创新，密切联系当前国际形势和社会发展，因事而为，因时而进，构建校内校外、课内课外、线上线下协同育人的综合体系。当前各高校正自觉将党的最新教育精神和理论切实贯穿到大学生思想政治教育工作中，深入领会和掌握"三全育人"在新时代中的内涵，保证十九大精神在高校思想政治工作领域的贯彻实施。

第三节 "三全育人"的现实意义

"三全育人"体现了高等教育立德树人的根本任务和内在要求，契合了高校思想政治工作的发展规律和教书育人规律，顺应了新时代人才培养的发展趋势。

一、"三全育人"体现了高等教育立德树人的根本任务和内在要求

党的十八大以来，习近平总书记就中国教育的改革与发展提出了一系列新

---

〔1〕 习近平："把思想政治工作贯穿教育教学全过程 开创我国高等教育事业发展新局面"，载《人民日报》2016年12月9日，第1版。

理念、新思想和新观点，这些理念与观点可以概括为"九个坚持"。其中"坚持把立德树人作为根本任务"，唯有这样才能担负起培养中国特色社会主义合格建设者和可靠接班人的重任。坚持立德树人是习近平总书记对新时代教育领域改革发展的重大理论创新和战略部署。坚持立德树人，就是要把立德树人作为教育教学的根本任务和核心环节，把立德树人作为检验学校教育工作的根本衡量标准。推进高等教育领域的"三全育人"，就是要把立德树人贯穿于思想道德教育、文化知识教育、社会实践教育等不同环节，融入教育的不同体系如教学体系、管理体系、学科体系和教材体系等方面，体现于不同的教育类型如普通教育、职业教育中，真正全员全过程全方位地贯彻立德树人，培养能够担负未来民族复兴大任的时代新人。

（一）落实立德树人是实施"三全育人"工作的根本目的

培养社会主义的建设者和接班人，最重要的是培养其道德品质，因此可以说"立德树人"中的"德"是一切教育的根本，其内容在当前主要指习近平新时代中国特色社会主义思想和社会主义核心价值观。我们需要将德育工作融入高等教育的培养体系中。教育的任务不仅体现在向学生传授科学文化知识，更体现在弘扬人的道德主体精神、追求人的精神境界。立德树人中的"树人"要求教师遵循教育规律和学生成长与发展规律，转变思维，把学生放在教育的主体地位，培养学生正确的人生观和价值观，树立远大的人生理想和高尚的道德情操，使他们具有强烈的社会责任感，有明辨是非的能力和社会正义感，有甘于为社会发展和民族繁荣而奉献的精神，在德智体美劳各方面全面发展的新时代优秀人才。德育工作在"三全育人"中处于中心和根本的地位，高校思想政治工作是一个系统概念，要作为一个整体系统来抓落实，将思想性、科学性和全面性有机结合在一起，在思想政治教育过程中全员、全过程、全方位地去实施。要完成这个根本任务，就要在文化知识教育、思想道德教育和社会实践教育等各环节融入思想政治教育元素，就是要将思想政治贯穿于普通教育、职业教育等不同类型教育工作的主线和中心，让教育的学科体系、教材体系、管理体系和教学体系都围绕思想政治教育的目标来设计和实施，在时间、空间、人员、资源上消灭所有的教育死角。只有这样才能够凝聚教育力量，提高德育成效，为高校的新时代人才培养提供科学合理的制度保障。

（二）"三全育人"是实现立德树人根本任务的关键环节

做到全员、全过程、全方位育人，是实现立德树人根本任务的关键环节。所谓全员育人，是指扩大教育工作者的范围，无论是思想政治课教师、专业课教师，还是教学与行政管理人员或后勤服务人员都应具有立德树人意识，自觉将立德树人作为岗位任务，强化责任担当，通过润物细无声的方式在各自工作岗位上对学生进行思想品德教育和思想价值引领。所谓全过程育人，是指将立德树人贯穿于高校课程设置、教材资源建设与内容选择、备课授课、教学质量反馈与评估等各个教学环节，贯穿于学生从入学到毕业的整个成长过程，并在整个社会教育领域形成集学前教育、中小学教育、高等教育、继续教育于一体的全领域、长时段、持续性的育人机制。所谓全方位育人，是指扩大教育的渠道与时空场域，将校内教育与校外教育、课堂教学与课外教学、线上教育与线下教育等多个维度结合起来，共同服务于立德树人这一根本任务，构建多维度、全方位、立体化的"大思政"格局。

（三）实施"三全育人"为落实立德树人根本任务提供实践路径

教育是国之大计、党之大计。"三全育人"紧紧围绕"高校培养什么样的人，如何培养人以及为谁培养人"这个根本问题展开，整合各项校内外教育资源和社会资源，动员各类教育从业人员，调动一切教育力量，通过全员、全过程、全方位育人，构建全方位、全时空、立体式的育人体系，形成素质教育的"大熔炉"，使高校学生可以随时随地依据社会需求和自身发展需要获得所需资源，掌握扎实的专业知识，提高实践与创新能力，具有较高的文化艺术素养，具备正确的人生观、世界观和价值观，从而实现个体的全面发展。可以说，"三全育人"为贯彻和实现高校立德树人的根本任务提供了切实有效的实践路径。

总的来说，在"三全育人"中，全员、全过程和全方位育人之间具有密切互动和互为依托的关系。全员育人为全过程和全方位育人提供人力资源基础和组织保障，全过程育人的内涵中也包括和体现了全员育人与全方位育人的客观要求，而全方位育人则既要依靠全员育人，依靠高校全体教职员工的自觉参与和积极投入，又需要与全过程育人结合，按照全过程育人的要求，整合不同的教育领域、教育资源与教育载体。三者相互联系，协同构成了以立德树人为根本的教育整体，集中体现了党中央"育人为本、德育为先"的教育方针，以及"教育与生产劳动相结合，与社会实践相结合"的教育基本要求。

二、"三全育人"符合高校思想政治工作的发展规律

（一）"三全育人"可以有效保障高校思想政治工作的实效性

随着经济全球化和社会信息化的到来，受复杂的社会环境的影响，大学生的思想、行为、生活也日渐呈现出明显的复杂性，人生观与价值观也相应表现出不稳定性和多元性的特点，传统的思想政治工作模式已经不能满足新时代背景下培育社会主义建设者和接班人的重任。在高校传统思政工作模式中，课程专任教师和辅导员、班主任等学生工作者分别负责学生的学习和生活两个方面，往往会造成思想政治教育在学习和生活环节不同程度的脱节，甚至形成一些"死角"和真空地带。在工作出现交叉时，有时也会因为责任不明确和工作精力不足而难以有效兼顾全体学生。而高校的"三全育人"模式，可以让高校教育者的工作以学生为中心，充分发挥传道、授业、解惑的功能，清除学生工作中存在的盲区，提高学生思想政治教育工作的针对性和实效性，培养德智体美劳全面发展的新时代大学生。

习近平总书记在 2018 年全国教育大会上提出，"思想政治工作是学校各项工作的生命线"，进一步强调了学校思想政治工作在教育领域的特殊地位和重要作用。面对快速发展的社会和日新月异的时代，只有把握时代脉络，顺应时势，根据教育对象、教育环境和教育条件的变化，不断进行教育理念、教育方法和教育手段的创新，才能做好高校思想政治工作。在高校思想政治工作中，要突出育人的中心地位和重要价值，就需要坚定政治意识，强化政治担当。

2018 年，习近平总书记在全国宣传思想工作会议上再次深刻阐明了新时代"高校培养什么样的人，如何培养人以及为谁培养人"这个根本问题，提出要把"培养担当民族复兴大任的时代新人"作为新形势下做好宣传思想工作的重要使命和职责，同时就如何"育新人"提出要求、作出部署，指明了立德树人、以文化人的实践方向。党和国家对高校思想政治工作提出了根本性指导原则，全员、全过程、全方位培养担负民族复兴大任的时代新人，坚定了高校思想政治工作的本质定位，明确了"育人"的全局性、战略性的优

先地位，树立了教育领域"全面立德树人"的教育方向，建立了完整的高校思政工作的价值目标体系，厘清了大学生思想政治素质与个人知识增长、个人道德品格形成之间的关联性，强调了"个人全面发展"与"社会全面进步"之间的密切联系，提高了高校思想政治工作的系统性，使高校思政工作与教育教学深度融合，相互依托，相互渗透，探索全员参与、全程贯穿、全方位协同的立体式一体化育人体制。

（二）"三全育人"能够提升高校思想政治工作的时效性与科学性

当今社会，随着改革开放的不断深入，面对经济全球化、政治多极化、文化多元化、社会信息化的发展趋势，高校思想政治工作面临很大的挑战。大学生面对纷纭复杂而又多元的信息文化冲击，他们尚未成形的世界观、人生观、价值观、道德观都会受到不同程度的影响，其认知、情感和行为也会体现出多样性的特点。如何切实了解大学生的个人特点与思想状况，解决他们在学习、生活中遇到的难题与困惑，有效地引导他们的思想品德朝着正确的方向发展，成为高校思想政治教育工作中亟待解决的问题。在"三全育人"机制下，强调把大学生思政工作全程、全面地贯穿和渗透于大学生的学习生活各个环节、各个阶段，从教学、管理、服务等多方面协同教育，可以有效提升高校思想政治工作的时效性与科学性。

（三）"三全育人"符合国家对高校精神文明建设的要求

习近平总书记在全国高校思想政治工作会议上强调："要坚持把立德树人作为中心环节，把思想政治工作贯穿教育教学全过程，实现全程育人、全方位育人，努力开创我国高等教育事业发展新局面。"高校思想政治教育工作要引导大学生形成正确的世界观、人生观、价值观和道德观，大力弘扬社会主义核心价值观，提升大学生的综合素质，从而使大学生在德智体美劳五个方面能够全面发展。随着经济全球化趋势的日趋明显，以及信息交流与传播的日趋迅捷，来自外界的各种文化、思想、政治信息通过无处不在的高速信息网络不断影响着大学生的学习与生活。在这复杂多变的国际形势和文化多元化的世界格局下，高校思想政治工作的重要地位凸显，党中央倡导重视高校精神文明建设，以积极向上的意识形态和习近平新时代中国特色社会主义思想引导大学生健康全面地发展。"三全育人"可以提升高校思想政治工作的时效性与科学性。"三全育人"强调育人工作的全面性与系统性，其目标不仅是要提高大学生的科学知识和人文知识，更是要培养大学生具备优良的道德文化素养，形成正确、坚定的价值观，使他们能够在多元的社会环境中，以积极健康的心态和面貌面对未来的人生之路。

三、"三全育人"是提升大学生人才培养质量的有效探索

"三全育人"可以有效提升大学生人才培养的质量。在高校机构管理方面，"三全育人"注重育人的整体性与系统性，打破了高校各职能部门之间的壁垒与形式主义和保护主义，强调各部门和岗位协同运作，成为提升人才培养质量的"黏合剂"，共同致力于人才培养的大目标；在高校师资建设方面，"三全育人"改变了专业课教师以往只局限于知识的传输，疏于思想品德教育的状况，激励教师关注学生的思想品格教育，更多地将专业课教学与学生工作相结合，提升教师的综合职业素养。在学生成才方面，"三全育人"的培养体系可以使学生与教师的关系更为密切，相互信任度更高，学生在学习和生活中遇到种种困惑与难题时能够更方便地得到学校和教师的帮助，不仅能够在专业知识能力上得到提升，更能够形成健全、正确的品德素质，成为全面发展的时代新人。

（一）顺应高等教育人才培养的发展趋势

习近平总书记在全国教育大会上指出，新时代新形势，改革开放和社会主义现代化建设、促进人的全面发展和社会全面进步对教育和学习提出了新的更高的要求。这种新的形势与变化同样体现在高等教育领域，随着信息科技的发展，以大数据、人工智能等前沿技术突破为标志的第四次工业革命，正极大影响并改变着高校的教育格局、教学理念、人才结构和学习模式。在这种形势下，高校人才培养模式也正在进行相应的调整，在教育理念上更加突出人的全面发展观念，倡导终身学习理念，重视建设整体协同育人体系；在教育目标上，不仅要传授知识，更要培养大学生的社会责任感、批判性思维能力以及创新能力；在教育模式上，改变单一的教育教学模式，进行理论教学与实践教学结合，通识教学与专业教学结合，鼓励跨专业教育；在教育方法上，注重利用互联网上各种新兴的教学载体，利用慕课、翻转式课堂等新兴的教学形式，扩大教育的时间与空间场域，有效整合校内外教育资源，扩大教育的覆盖面，提升教育的质量。

"三全育人"充分响应和利用第四次工业革命对社会各领域尤其是教育领域形成的挑战与机遇，紧密联系我国当代经济社会发展的时代特征，从历史、现代和未来维度把握高校人才培养的发展脉络，为我国高等教育的发展指明了方向。

首先，在人才培养目标上，"三全育人"全力培养拥有全面素质和健全人格的时代新人。新时代的社会主义事业接班人需要具有完整的人格，既要有扎实的知识和能力，又要有正确的价值观和道德品质。"三全育人"以立德树人为根本任务，注重大学生的思想修养与人格塑造，以"立德"确定"树人"正确方向，以"立德"保证"树人"的有效性，体现新时代对大学生健全人格和全面素质的要求。

其次，"三全育人"全力构建跨时空、全领域、全要素的立体化人才培养体系。新时代的人才培养体系更加强调教育的开放性、整合性和共享性，"三全育人"体系中的时间与空间都得到了极大的延伸，包括了从学前教育、基础教育、高等教育和终身教育的各个教育阶段，从校内教育延伸到家庭教育和社会教育，调动校内校外各类教育力量，整合校内校外各类教育资源，建立起课内与课外、校内与校外、线上与线下全覆盖的一体式、立体化育人体系，是对传统教学理念、教学体制、教学方法的深入改革与创新。

（二）提高大学生的综合素质及社会适应能力

当今国际社会的竞争日趋激烈，国力的竞争归根到底是人才的竞争，中国要实现国家的富强，实现中华民族伟大的民族复兴之梦，需要大批综合素质能力强、具有良好的创新能力和社会适应能力的人才。"三全育人"体系注重大学生全面能力和综合素质能力，不仅强调科学知识的学习，而且注重大学生综合素质的培养，如道德品质素质、业务技术素质、人文审美素质、心理生理素质等，在德智体美劳各方面全面发展。

"三全育人"体系以大学生为教育活动的主体，可以有效地提高大学生综合素质以及社会适应能力。高等教育发展的程度和水准以及人才培养的质量水平可以反映出一个国家未来的发展潜力，是一个国家文化软实力的重要指标。随着国际竞争的加剧和社会对高水平人才需求的提高，教育的需求侧和供给侧出现了一些失衡现象，部分学校的教育理念和教学体系未满足社会的需求，部分大学生的综合素质有待提高，并且在面对复杂的外部环境和多元文化氛围中的各种社会思潮时，不能很好地明辨是非、坚定立场。在价值观和人生观上还不能完全符合社会主义精神文明的要求，在快速发展的社会生活中还不能很好地适应社会。这些问题都会影响高校人才培养目标的实现。因此，高校建立以大学生为主体的“三全育人”体系，可以有效地提高大学生综合素质和社会适应能力，这对办好中国特色社会主义大学、实现立德树人的教育目标具有十分重要的意义。

"三全育人"体系

《关于加强和改进新形势下高校思想政治工作的意见》中提出的全员育人、全过程育人、全方位育人的"三全育人"理念，以培养担当民族复兴大任的时代新人为目标，以育人为中心，以"三全"为重点，体现高校育人工作的系统性、全方位与立体化。2017年12月中共教育部党组发布的《高校思想政治工作质量提升工程实施纲要》指出："一体化构建内容完善、标准健全、运行科学、保障有力、成效显著的高校思想政治工作质量体系，形成全员全过程全方位育人格局"。高校思想政治工作的开展需要以"三全育人"理念为指导思想，充分挖掘思想政治教育工作的育人功能，发挥各岗位、各部门、各专业、各阶段协同育人的功能，构建新时代全方位的育人新模式、新体系、新格局。

第一节 "三全育人"的总体目标

习近平总书记在全国教育大会上指出，教育的首要问题是"培养什么人"。《国家中长期教育改革和发展规划纲要（2010—2020年）》中强调，把育人为本作为教育工作的根本要求。我国是中国共产党领导的社会主义国家，这决定了我国的教育目标必须以立德树人、培养合格的社会主义建设者和接班人为根本任务。为了实现这一根本目标，培养德智体美劳全面发展、能够担当民族复兴大任的社会主义建设者和接班人，高校必须建立健全全员育人、全过程育人、全方位育人的一体式、立体化的教育机制和工作体系。依据社会发展对人才需求的变化，不断提升人才培养的质量，提高人才培养的针对性和实效性，使大学生能够成长为未来担负社会主义现代化建设重任的德智体美劳全面发展的时代新人。

在"三全育人"的人才培养体系中，需要紧跟社会发展形势，关注社会和学生的需求，深化教育改革，实现高等教育领域的"供给侧"与"需求侧"的联动。一方面，要依据社会的实际需求，在专业设置、课程设置和能力培养方面紧跟时代，培养社会主义现代化建设所需的人才。另一方面，要密切关注学生的身心成长，关心他们的身心需求，解决他们的实际生活学习问题。通过价值观的引领，消除大学生在面对社会热点、难点问题时所出现的彷徨和疑惑。在教学中将实现价值引领与知识的学习相融合，通过丰富多彩的校园活动和社会实践活动，提高学生的综合素质，提升他们的思想道德认知，提升他们的动手实践能力、独立思考能力、创新能力和批判性思维能力。

"三全育人"的核心是围绕育人目标，全员参与、全过程贯穿、全方位渗透地开展教育工作，把专业知识教育同思想政治教育有机结合，互相渗透，辩证统一，做到专业教学"思政化"，"思政"教学专业化，整合校内校外资源，扩展教育时空，调动全体教育力量，将思想政治工作融入高校办学治校全过程，把培养全面发展的新时代人才作为学校一切工作的出发点。在"三全育人"的理念中，每一位教职员工不管岗位和职责如何，都必须要有立德树人的意识和使命，自觉围绕"育人"目标来开展工作，提高服务意识，担当育人职责，转变教育观念，树立知识教育同思政工作相结合的理念，遵循教育规律，按照社会的需求和学生的个人特点，培养社会所需要的合格的社会主义新时代建设者和接班人。

第二节　"三全育人"的具体内容

"三全育人"的内涵非常丰富，是一个完整的理念体系，"全员"强调高校所有教职员工都需要担负育人责任；"全过程"强调把育人任务贯穿于教育教学的所有阶段和整个过程；"全方位"则指把育人思想融入学校工作的所有环节和所有方面。

习近平总书记在全国教育大会上提出，要努力构建培养德智体美劳全面发展的人才教育体系，提高人才培养体系的质量。其中即蕴含了"三全育人"

理念的基本要求。如何构建全员育人、全过程育人和全方位育人体系，形成强大的育人合力，从而提高育人效果和质量，是高校育人工作面临的共同课题。

一、全员育人

全员育人主要指学校的所有岗位人员之间围绕育人目标的工作协调，包括教师队伍的教书育人、学校管理者的管理育人和学校后勤系统的服务育人之间的团结协作与统筹协调。从事大学生思想政治教育工作的不仅有专职学生工作者和思政课教师，也包括普通专业课教师、通识课教师、行政管理人员和后勤服务人员的积极参与，每位教职员工都承担育人职责，是一个全员参与的过程。所有的教职员工都应当转变意识，主动将自己的岗位职责与大学生思想政治教育的使命融合，思考和定位自己在整个育人体系中的育人职责，提高自己的服务意识和教育能力，服务于大学生的成长成才，以润物细无声的方式帮助大学生形成正确的人生观与价值观，唯有这样才能真正落实大学生思想政治教育工作，从而形成全员育人的良好氛围和良性循环。

在全员育人的体系中，高校所有的教职员工不分所在岗位和部门，都具有共同的育人目标和任务，都需要承担育人职责、分担育人工作。高校各部门之间要在高校党委的统一领导下团结协作，构建一体化的德育工作体系。要全面统筹人才培养工作中的教育人力资源，打破原有的各扫门前雪的旧式思维，在思想政治教育工作中形成集体合力。每一位教职员工都要在各自岗位上实现教书育人、管理育人和服务育人。在职责分配上，构建高校思想政治工作责任体系，职责明确到人，确立统一领导、分工协作、全员参与、人人有责的工作原则。在教育管理人员队伍建设上，提升高校党政管理干部、学生工作干部、班主任等队伍建设；在师资队伍建设上，提升思政课教师、通识课教师和专业课教师的课程育人水平，提高专业课教师和通识课教师实施课程思政的水平；在高校服务人员队伍建设中，增强后勤人员、图书馆和实验室工作人员等全员参与育人的意识和能力。从学校领导、中层干部，包括宿管人员和安保人员，全校上下形成目标一致、职责明确的协同育人环境，从而最终实现全员育人。

（一）党委是学校德育工作的领导核心

高校党委对德育工作的核心领导是全员育人工作的方向保障。党委的领导工作主要体现在宏观方面，包括制定学校德育工作的方针政策，规划学校德育工作的发展蓝图，协调学校各部门之间的协同工作，解决德育工作中出现的重大问题。"三全育人"体系中的全员育人，是高校育人队伍在党委领导和协调之下的团结协作，党委的领导和协调是育人队伍提高工作效率、发挥育人功能的重要保障。能否真正形成全员育人格局，很大程度上取决于高校党委是否发挥了领导核心作用，取决于各部门是否紧紧团结在党委周围，围绕德育工作的共同目标团结协作，形成强大的向心凝聚力。只有这样，才能保证高校德育工作的正确方向与实际效果。

（二）强化教师教书育人的职责，加强师资队伍师德建设

全员育人的理念打破了以往把学生工作者和专职教师的工作截然分开的局面，强调了专职教师在教书育人工作中"育人"的重要性。为强化这一理念，高校可以通过建立相应的规章制度和考评机制，确立教学工作、科研工作与思想政治教育工作的紧密结合。

全员育人中的教书育人，是一种课程思政育人理念的强化。课堂教学是思政工作的重要场所，广大专职教师必须积极行动起来，承担思想政治工作职责，一方面重视向学生传授专业知识和技能，提高学生的专业素质，另一方面也要重视德育工作在课堂上的实践，探索专业元素课程与德育元素的有机融合，提高学生的综合素质，促进学生身心健康全面发展。

在重视教书育人职责的同时，强化高校师资队伍的师德建设。百年大计，教育为本，教育大计，教师为本。教师是实现德育目标过程中重要的人的因素。受功利主义、拜金主义等不良社会思想影响，个别高校教师存在着轻修养、重物质，轻教学、重科研的现象，与学生之间的关系淡漠，在学生面前不能起到良好的正面示范作用，使高校立德树人的根基有所松动，凸显出加强高校教师队伍师德建设的重要意义。教师作为高校"三全育人"体系中重要的主导力量，他们的思想素养乃至一言一行都对大学生的思想品德产生重要的示范效应，因此他们自身首先要政治合格、素质过硬。高校教师应自觉通过不断学习加强自身修养，珍惜和捍卫教师的荣誉与尊严。高校可以通过建立奖惩机制、激励机制等规章制度，鼓励教师积极参与到德育工作中。同

时，可以通过树立与宣传德育工作方面的模范教师和先进典型，对广大教师和学生产生积极正面的导向作用。总之，要做好高校思想政治工作，必须发动广大教师积极参与，牢固树立和强化"教书育人是教师第一责任"的意识，引导教师承担对学生进行思想引领的认识与责任心，培育和弘扬优秀的师德师风，从而努力实现以立德树人为基础的"三全育人"工作模式。

（三）强化班主任、辅导员的骨干作用

根据中共中央、国务院《关于进一步加强和改进大学生思想政治教育的意见》中的定位说明，辅导员和班主任作为高校学生工作的重要骨干力量，分别具有明确的职责和定位。具体来说，班主任负责指导学生的学习、思想和生活，而辅导员则负责在党委的领导和部署下有针对性地对学生开展思想政治教育。他们的职责既有差异，也有共性。辅导员的核心任务侧重思想政治教育，而班主任的主要职责是班级管理。在工作中，辅导员和班主任必须齐心协力，在分别履行自己主要职责的同时，共同做好育人工作。

高校学生工作队伍主要包括分管学生工作的党政干部、团委干部、辅导员、班主任等，他们在高校大学生的德育工作中发挥着重要的骨干作用。要做好育人工作，首先要做好学生工作队伍建设，建立分工明确、团结协作的工作机制，优化学工队伍人员结构，建立合理的奖惩机制和选拔机制，通过机制建设来提升学工队伍的专业化和职业化水平，促进高校立德树人工作和高校稳定长效机制的成立，形成一个良性发展的局面。其次，班主任、辅导员等学生工作者应当加强师德修养，树立"育人为本、德育为先"的理念，深入研究和探索大学生思想政治教育的特点、规律、途径和方法，提高自己教书育人的职责感与工作能力。最后，学生工作需要细化，需要根据育人工作的需求以及各校实际情况，有针对性地成立各类学生工作组，包括学生思想教育工作组、心理健康咨询工作组、学生党建工作组、社团活动工作组、党团活动工作组、就业创业工作组、奖励与助学工作组等，在学校党委的领导下开展育人工作。通过工作组开展的有针对性的学生工作，发挥学生工作组在学校立德树人中的重要支撑作用，依托学生管理工作深入挖掘和发挥学生社团的德育功能，构筑立德树人的全新体系和立体活动平台，汇聚各方力量，打造立德树人的高效互助机制。

（四）发挥行政管理人员的管理育人作用

高校的行政管理工作应当增强全员育人意识，将管理和育人相结合，去除行政管理工作中的官僚作风和权力意识，转变管理理念和方式，以立德树人为出发点，理解和关心学生，培养学生的全面发展。做好高校行政管理工作，相关人员应当努力提高自身的文化素质和道德修养，提高管理水平，通过良好的工作态度和高效的工作效率，在保证学校管理工作正常运行的同时，也可以在潜移默化中影响大学生，为大学生树立良好的示范作用，提高立德树人的成效。

（五）重视后勤人员的服务育人作用

高校后勤人员是全员育人中重要的一部分，后勤服务和保障工作在高校工作中起着不可或缺的作用。后勤服务人员的工作直接面向大学生，与大学生的直接接触非常多，应当改变以往高校后勤人员只负责和重视后勤工作的片面认识和做法，使其在全员育人的体系中发挥应有的重要功能，增强德育的合力。首先，要加强后勤人员的队伍建设，统一思想，提高和强化后勤人员的服务意识以及通过服务工作实现育人目的的意识，后勤人员在工作中应当坚持育人为本，把育人工作看作自己岗位职责的一部分。其次，服务人员要加强自己的道德修养，热爱本职工作，努力提高服务工作水平，通过自身在工作中良好的精神面貌和优秀的服务质量去濡染学生、打动学生，为学生的成长创造良好的条件，在校园里构造良好的生活育人氛围。

（六）建立全员协同育人机制

大学生的思想政治教育工作不仅仅是思政教师或者班主任和辅导员的职责，而是高校全体教职员工的共同职责，学校各个部门和各个岗位人员都要把育人作为自己的岗位职责，树立全员育人的意识，各职能部门和人员齐抓共管，通力合作，优势互补，凝聚力量，充分发挥协同育人在大学生日常思想政治教育中的作用，在高校内形成全员育人的教育体系，实现立德树人的培养目标。

总之，"三全育人"是三位一体的立体、全方位的系统工程，建立全员育人的格局，需要动员所有教职员工积极参与，树立全员育人意识，革新立德树人和思政育人的理念，在全校范围内营造德育为先的良好氛围，从各个层面对学生进行潜移默化的思想教育。

二、全过程育人

全过程育人强调育人工作的全程性，是指有针对性地根据大学生的成长规律和个体特点，制定和实施学生各个学习、生活阶段的德育工作计划、工作重点和措施，把思想政治教育融入学生从入学到毕业的各个阶段和全部过程。

首先，德育工作要贯穿大学生在校学习的全过程。坚持育人为本的理念，根据学生的成长规律和教育规律，使学校的各项工作和各类资源满足学生在校期间不同阶段的需要，使思想教育工作实现全过程、无死角。

全过程育人兼顾育人的阶段性和连贯性。在学生学习和生活的不同阶段，思想政治教育工作应当围绕立德树人的中心任务，形成系统的整体规划，针对这个阶段的学生特点制定不同的工作重点，开展不同的教育活动，并把这种教育活动贯穿到学生在校的整个阶段。

第一，入学教育阶段侧重理想信念教育。学生初次踏入大学校园，他们的人生观、价值观和未来理想大多尚未形成，同时对未来的大学生活又充满憧憬，这一阶段是最佳的理想信念教育时期，应当抓住时机，重点进行以理想信念教育为主的一系列入学教育，包括爱国主义教育、校规校纪教育、素质教育规划、职业生涯规划、国防与军事教育、安全教育以及心理健康筛查与咨询等相关内容，引导大学生树立正确的理想和信念，学会用马克思主义中国化的最新思想成果武装头脑，并能够用于分析和解决实际问题。在未来的专业学习方面，可以开展关于院校发展、专业未来发展、学籍管理、培养目标、课程介绍、学习方法等内容的入学教育，引导大学生把个人的发展与学校和社会的发展相结合，实现个人理想与社会理想的统一。

第二，培养阶段过程注重道德品质教育。培养阶段是大学生在校时间最长也是最重要的阶段。在大学生培养阶段，应当侧重道德品质教育，重点培养他们养成良好的道德修养、良好的行为习惯和正确的价值观念。在大学生道德品质教育过程中，一是要重视环境的影响和教育作用。马克思主义认为，环境对人的身心发展起着决定性作用。大学生的道德品质教育必须重视环境建设，在学校形成一种积极向上的氛围，使大学生在良好的环境中耳濡目染，形成正确的人生观和价值观。二是要强调道德实践的作用。实践育人一直是党的教育方针的重要内容，在育人过程中必须坚持教育与实践相结合，坚持理论学习与社会实践相结合，使学生所接受到的思想教育内容能够通过实践内化于心，外化于行。三是要重视培养大学生养成良好的道德行为习惯。道德养成教育就是培养大学生养成良好道德习惯的教育，通过开展丰富多彩并且有针对性的思想道德教育活动，培养大学生形成良好的道德行为习惯，树立远大的理想和奋斗目标，提高自身的综合素质。

第三，就业阶段重点进行职业道德教育。就业阶段也是检验大学生在校学习成果，为走上社会做最后准备的阶段。大学生思想政治教育在这个阶段应当侧重培养大学生养成良好的职业道德和创业意识。一是可以通过心理和就业方面的讲座、校内实践、社会实践等活动，使大学生具备较好的职业道德、健全的心理素质和良好的社会适应能力。二是高校可以设立就业指导中心，为毕业生提供就业信息，指导毕业生正确规划职业生涯，开展推荐和派遣工作。三是有条件的高校还可以设立大学生创业中心，培养大学生创业意识，并对他们的创业实践提供帮助和指导，加强高校大学生思想政治教育工作的实效。通过这些工作，使毕业生具备应有的职业道德与创业意识，提高自身的思想政治教育理论和实践水平，能够以成熟的心态、清晰的思路迎接毕业季。

其次，全过程育人还意味着将思想政治教育融入教育教学的全过程。思想政治教育决不能仅限于思政教学的课题，应当树立立德树人的理念，把思想政治教育工作从思政课堂拓展到所有的课堂，把思政课专业化与专业课思政化相结合，挖掘所有课程的育人功能，提高全程育人的实效。

要实现全程育人，应将思想政治教育融入高校的所有课程之中，充分挖掘课程育人要素。在课程体系建设工作中，可以将思想政治课、形势与政策课等课程全程融入课程体系中，成为人才培养体系的重要内容；可以将德育目标纳入课程大纲或课程标准内容，在教学中进行相应的教学内容设计、教学方法设计和载体选择等；可以专门建设德育方面的课程体系，整合课堂之外的实践活动和社团活动，通过设计将德育内容融入这些活动中，各阶段全程实施，各部门共同参与，共同引导学生成长。在思政课程体系建设中，注重加强思政课的时效性和动态性。根据动态的社会形势和变化的学生思想状态，有针对性地选择教学方法和载体，加强德育教学的针对性和连贯性，让学生的人生观、价值观和道德修养沿着正确的方向发展，最终实现立德树人的教育目标。

三、全方位育人

"三全育人"中的全方位育人强调育人工作在空间维度上的全覆盖。空间维度首先包括学生的全方位发展，也就是高校思想政治教育工作需要培养大学生德智体美等多方面的综合发展。作为一项复杂的系统工程，大学生思想政治教育工作需要融入高校教学的全过程，体现全方位育人的理念。首先，要打造立体化的思想政治教育体系，整合校内外教育资源，将教育的全部过程在空间上全覆盖。其次，空间维度也包括全方位的德育格局。在全方位的德育格局中，党建和思政工作部门、学生工作部门直接承担高校育人工作，高校其他部门则围绕核心育人工作通力合作，为育人工作铺路搭桥，构建全方位德育格局。再其次，构筑"学校+家庭+社会"的综合育人平台，充分利用各种教育力量，使各级政府、社会团体和民间组织、家庭等社会力量共同参与高校德育工作。同时，充分利用社会教育资源，将校外优质资源引入学校课堂，鼓励校内师生利用校外资源，通过各种培训、学习和实习实践，提高自身综合能力。最后，空间维度还包括育人方式的全方位融合。高校要以教育规律、学生成长规律和思想政治工作规律为基础，针对当代大学生的特点和个性化、多样化的需求，响应时代号召与社会发展，深入钻研教育教学方式，改进和创新育人方式，在高校内营造健康积极的教育、管理、服务、实践、文化等多层面的育人氛围。通过整合校内校外、课内课外、线上线下三大教育平台，打造立体、综合、全面的育人体系，实现高校思想政治工作多维式的转变。

第三节 "三全育人"的主要渠道

教育部指出，高校要"充分发挥课程、科研、实践、文化、网络、心理、管理、服务、资助、组织等方面工作的育人功能，挖掘育人要素"[1]，要实现这一目标，就要从课程、科研、实践、文化、网络、心理、管理、服务、资助和组织等渠道实现育人功能。

---

［1］ 见《高校思想政治工作质量提升工程实施纲要》。

一、课程育人

思想政治理论课程体系是立德树人的主阵地，要实现"三全育人"，就要发挥这一主阵地的作用，建立完善的思想政治理论课程体系。大学生综合素质教育和大学生理想信念教育必须围绕高校思想政治工作主线展开，一方面，强化思政课的主渠道作用，同时有效整合并深度挖掘各类专业课程和通识课程的思想政治理论教育资源，在高校构建全课程的"大思政"综合课程体系。在综合课程体系中，依据教育教学规律和学生成长规律，更新教学理念，根据不同年级和专业大学生的个性特点和学习上、生活上、实践中的具体需求，优化教学方法和手段，因材施教，实行分层、分级、分类的针对性教育教学模式，加强课程体系建设，提高教学管理的科学性，加大教育资金投入，做好师资培训工作和教学设施设备的保障工作，建立全面、合理、高效的制度体系和保障体系，从而提高课堂教学质量和育人效果。另一方面，扩大教学育人功能的时间和空间场域，把教学延伸到日常思想政治教育环节，打通课堂教学、课外教育和在线教学，整合和构建立体化教育平台，通过各种教育形式，把思想品德教育贯穿于教育的每一个环节和过程，使大学生树立牢固的社会主义核心价值观。

（一）发挥"两课"的主渠道作用

中共中央、国务院《关于进一步加强和改进大学生思想政治教育的意见》指出，要充分发挥课堂教学在大学生思想政治教育中的主导作用，其中，高等学校思想政治理论课是大学生思想政治教育的主渠道。国外的高校非常重视学生的思想品质教育和道德教育，很多国家的高校都开设有相关课程，例如：英国一些大学开设的政治课、宗教课；法国一些大学开设的道德公民课、哲学课；美国一些大学开设的社会研究课、职业道德课；德国一些大学开设的伦理课、社会课；澳大利亚一些大学开设的价值观课；等等。目前国内院校普遍面向本科生开设马克思主义理论课程和思想政治教育课（即"两课"），坚持科学的教育指导思想，在教学中注重理论与实践的结合，充分利用网络等新媒体教育资源和教学平台，通过教学研究与实践丰富教学方式，突出发挥"两课"的主阵地主渠道作用。

（二）挖掘专业课程的思想政治理论教育资源

2019年3月18日，习近平总书记主持召开学校思想政治理论课教师座谈会上指出："要坚持显性教育和隐性教育相统一，挖掘其他课程和教学方式中蕴含的思想政治教育资源，实现全员全程全方位育人。"高校内的各专业课程是人才培养体系中最重要的一个环节，必须配合思想政治理论课堂教学主渠道，在育人工作中形成协同效应。因此，要发挥专业课思政化的功能，深入梳理和挖掘各专业课堂所蕴含的思想政治教育元素，将思政育人有机融入教学内容，融入课堂教学各个环节，通过润物细无声的教学方式，引导学生树立正确的人生观和价值观。要扩大专业课思政教学的时间和空间，除了课堂教学，把价值引领扩大到专业实践课及各种相应的校园活动中，在学校逐步形成"思政课+课程思政"协同育人的教学新格局。

在这种协同育人的教学新格局中，"课程思政"是重要的环节，体现了"三全育人"的教育理念，即通过构建全面育人形式，将各专业类课程与思想政治理论课协同建设，形成合力，把"立德树人"作为教育的根本任务的一种综合教育理念。专业课教学无论在内容还是形式上本身就蕴含了大量的思想政治教育的信息和元素，是培养大学生成才的有力途径。在专业课教学中实现"课程思政"，其本质是把知识传播和价值传播相结合，将知识传授、思维启迪和价值引导紧密结合，通过价值传播凝聚知识底蕴，同时通过知识传播实现价值引领。课堂教学是教育的主体，因此紧抓课堂教育阵地，建立思想政治教育与专业教育相结合的长效教学机制，将思想政治教育内容渗透进专业课教学中，把大学生思想政治工作融入日常生活和教学中，在知识的传递中实现价值引领，重点培养大学生的爱国主义、家国情怀、职业素养和科学精神，实现从"课程思政"到"教师思政"和"专业思政"的发展，提高思想政治教育的针对性和实效性。

二、科研育人

科研等学术活动也是思想政治教育的重要渠道之一。从教师角度来说，可以把思想价值引领纳入科研课题立项、建设与结项评审的环节，从而引导教学科研人员树立思想政治教育意识，自觉把社会主义核心价值引领贯穿到项目的选题设计、立项申请、课题研究、成果运用等科研项目建设的全过程。

加强科研队伍建设，引导教师和科研人员树立正确的政治观、价值观和教育观，建设思想坚定、科研过硬的创新型科研队伍。从学生角度来说，可以通过科研学术活动为学生搭建提高科研能力、掌握正确学术方向和政治方向的平台，将思想政治教育内容渗透到学术活动，为大学生营造自由平等、开放活跃的学术氛围，培养学生敢于开拓、积极进取的科研精神。

在科研育人方面，要不断推动教学和科研深度融合，科研工作要服务于社会需求，服务于教学，构建科研、教学、管理相结合的"三位一体"科教协同育人工作格局。通过推进科研制度建设，完善科研评价标准，以科研评价和奖励为激励机制，引导广大教师提升科研投入产出水平，及时通过将科研成果转化为课堂教学产生社会效益。与此同时，要明确科研育人的方向，加强科研人员队伍的道德思想建设，提高科研人员的科研诚信水平，保证高校科研工作的正确方向和良好的育人效果。

三、实践育人

习近平总书记非常重视学习方法的掌握，重视实践在青年学生成长成才中的重要作用，曾多次勉励广大青年既要向书本学习，也要向实践学习。社会实践活动在大学生成长成才中起着重要的作用。早在2012年，教育部等七部门就联合下发了《关于进一步加强高校实践育人工作的若干意见》，其中明确指出各高校要把实践育人工作摆在人才培养的重要位置。实践是检验真理的唯一标准，实践既可以作为标准来检验思想政治教育的效果，也可以作为重要的手段和途径来提升大学生的思想政治素质。实践育人是一个综合的社会工程，只有学校和社会通力合作才能使学校教育得到根本改进。在大学生的个人成长中，社会实践是其中的必经环节，是连接学校与社会的重要的纽带与形式，是实现学生全面发展不可或缺的环节与举措，也是提升大学生综合素质的主要途径。

要发挥实践育人的功能，提高实践育人的效果，首先要创新实践活动的内容与形式。开展以学生为主导的教育实践活动，在教师的正确引导下，注重实践形式的创新，将深刻的教育意义通过丰富多彩的学生易于接受的形态呈现出来，提高思想政治教育的效果。其次要打造和健全实践育人教育教学体系，提高实践类课程在教学体系中的比重，完善大学生校园实践、社会实践、志愿服务与公益劳动、实习、创新创业课等实践类课程的建设工作，丰富实践育人的活动载体，建设创新创业校内平台。再其次，提高校内与社会资源的充分利用，加强校企之间与校地之间的充分合作，建立各类校内校外的实践基地与实习基地，利用学生所学的知识回报社会，同时也在实践中深刻了解知识与实践的结合，提高自身回报社会、报效祖国的社会意识与责任心，最终形成社会、基地与学校协同育人体系。最后，要强化基层党组织、班团、学生社团等组织育人作用，加强基层党支部的规范化建设，规范建设学生社团等大学生自律组织，让学生以主人翁的精神在自我教育、管理和服务中不断提高自己的实践能力。

四、文化育人

习近平总书记指出，文化是一个国家、一个民族的灵魂。文化兴国运兴，文化强民族强。文化能为人们提供坚强的思想保证、强大的精神力量、丰富的道德滋养。"三全育人"必须要发挥文化育人的重要作用，即以文化人。所谓以文化人，就是要在教育中充分发挥中华优秀传统文化、革命文化和社会主义先进文化的引领作用与熏陶作用，提高文化自觉，增强文化自信。通过各种主题社会教育活动和文化优秀经典工程建设，培养大学生对中华优秀传统文化、革命文化和社会主义先进文化的认同，树立社会主义核心价值观。同时，通过丰富的校园文化活动，宣传先进典型，推广校园文化建设优秀成果，创造良好的校园文化氛围，发挥校园景观文化在文化育人体系中的育人功能。

校园文化是文化育人的重要领地，要营造以文化人、以文育人的高雅氛围，需要重视创建文明校园，组织开展主题积极、格调高雅的校园文化活动；重视典范与榜样的示范与激励作用，通过开展优秀班集体、优秀社团、文明宿舍、先进个人等文明评选活动，鼓励大学生自觉树立文明意识，培养高尚的集体主义精神和良好的个人学习生活习惯；重视中华优秀传统文化的熏陶作用，通过组织校园传统文化节、传统艺术展等精品文化活动，增强大学生了解、继承与弘扬中华传统文化的意识与水平；重视社会主义先进文化与革命文化的教育与引导功能，通过组织参观红色历史博物馆与陈列馆、瞻仰革命先烈、组织革命历史知识竞赛等活动，使大学生从内心深处坚定社会主理想信念，勇担历史与时代使命。

文化育人的教育效果不同于其他教育，具有独特的潜移默化、春风化雨般的效果，校园文化是学校教育的重要组成部分，应当贯穿于高校人才培育的全过程。首先，应遵循"立足现实、整体规划、有序实施、特色鲜明"的校园文化建设原则，坚持时代思维和创新思维，挖掘校园文化内涵，打造高品位、高质量校园文化活动，营造良好的育人环境，发挥校园文化的育人功能。其次，重视校园文化载体和平台建设，培育安全健康有序的校园网络文化，在校园文化育人方面不留死角，用社会主义核心价值观引领大学生健康成长。总之，在高校"三全育人"的工作理念和机制中，要重视以文化人、以文育人，通过开展形式丰富、内容积极向上的校园文化艺术活动，加强文明校园创建、价值观引领，充分发挥文化育人的作用。

五、网络育人

网络育人侧重的是育人体系中的平台化建设，与其他育人渠道形成互相交叉、互相促进的关系。当今随着信息技术的快速发展，网络已经成为大学生获取信息和知识的重要媒介，网络育人也在如今的信息时代凸显出了极高的重要性。通过构建网络育人体系，将高校思想政治工作的传统优势与现代信息技术高度融合，可以有效提高思想政治教育实效。为此，一方面，需要充分利用网络媒体和在线平台，挖掘、整合在线思想政治教育资源，通过大学生乐于接受的网络教育形式，开展德育教育。另一方面，需要引导师生增强网络安全意识，拓展网络教育平台，培育和建设优秀网络学生社团，推广网络宣传优秀作品，将德育教育从教室扩展到网络虚拟空间，扩大思想品德教育的时空场域，探索"互联网+"环境下的德育教育的新途径、新方法。

六、心理育人

高校大学生在校期间正处于心理发展的重要时期，将先后经历心理适应阶段、全面发展阶段和职业定向阶段。这一时期同时也是大学生的世界观、人生观、价值观形成的关键阶段。由于个人心理发展的特点以及复杂的社会环境的影响，大学生在这一阶段经常会面临各种学习和生活上的问题，如果处理不当往往会演化为心理问题。因此，学校要重视对大学生的心理教育，把对学生的关爱融入他们的日常生活中，关心大学生的日常生活和学习情况，通过推进生活育人和环境育人，促进心理育人，使思想政治教育日常化、具体化。一方面，高校要加强对大学生的心理健康教育，课堂上将心理教育、心理咨询、心理健康活动相结合，完善各种心理课程体系，大力推进以积极心理学为方向的心理健康教育，通过正面、积极的宣传和引导，不断提升大学生的心理素质，促进学生养成积极、健康的生活和学习心态。另一方面，要开展专业化、精细化的心理咨询服务，构建以发展性咨询为主，障碍性咨询为辅的心理咨询模式，搭建以个体咨询为主，多种咨询形式并行的心理咨询服务平台，满足学生多样化、个性化的咨询需求，引导、疏导或纠正大学生个体中出现的心理问题，切实帮助学生解决实际问题。

七、管理育人

管理工作在整个学校育人工作中起着基础性和保障性作用。因此，需要着力构建管理育人体系，提升管理育人质量。首先，要健全管理工作制度建设，加强依法治校的理念，完善管理育人制度体系，引导师生提高遵守社会和学校管理制度的自觉性和自律性。为此，学校各个管理部门不管其岗位如何，都要具备育人意识和育人责任心，自觉把育人工作看作自己的职责，并能通过各种管理类培训来提高自己的管理水平和育人能力。其次，有效的管理工作需要集体的协作和推动力。必须建立党、政、学、工、团齐抓共管的全面管理育人机制，提高领导班子的大局观、决策能力和方向把控能力，保证"三全育人"机制能够在正确的领导下顺利开展。加强学校制度建设，党、政、学、工、团在学校党委领导下严格按照学校各项制度开展工作，协同合作，确保把育人工作落实到位，实现最佳育人效果。

八、服务育人

为学生的成长切实做好服务和保障工作，构建服务育人体系，是实现"三全育人"的重要渠道之一。首先，需要明确学校各部门各岗位的育人职责与功能，提高育人意识，强化育人要求，提高服务意识。充分发挥学校后勤保障、安全保卫、医疗卫生、教学设备、信息资料等各类服务岗位的育人功能，切实明确服务目标责任制，提高服务保障能力。对学生的问题，无论是学习生活中的实际问题还是心理方面出现的困惑与问题，都要高度重视，通过对学生的关心和服务来引导教育他们。其次，做好服务育人，需要加强学校保障机制建设。通过建立一系列健全完善的制度、政策和措施，促进以学生为主体的"三全育人"长效机制建立、健全。在评奖评优方面，完善评委选择、评奖标准、奖项设置、评奖回避制度等各方面的制度细则，完善奖学金和助学金制度，保障学生能顺利完成学业；在心理健康服务方面，通过开展心理健康筛查、心理健康讲座、心理问题咨询等活动，及时发现大学生中存在的心理问题，促进大学生心理健康成长；在大学生创新创业服务方面，建立大学生创业服务中心，为大学生创业组织相关培训，共享创业信息，提供创业实践机会，提高大学生的实践能力与职业素质。

九、资助育人

学生资助工作是高校学生工作的内容之一，而构建资助育人体系，发挥资助工作的育人功能也是实现"三全育人"目标的重要渠道。在资助体系建设方面，在对生活困难生的资助工作中，需要将国家资助、社会捐助、学校奖助和学生自助结合起来，建设"四位一体"的发展型资助体系，既要"扶困"，又要"扶志"，对困难大学生进行物质帮助的同时，也需要在资助的各环节对大学生开展价值观教育、励志教育、感恩教育和诚信教育，利用资助体系对他们进行能力拓展、精神激励和道德浸润，从而使育人机制规范化、长效化。在具体制度建设方面，完善各项制度建设，切实通过资助工作服务学生，实现资助育人。应完善奖学金评选制度，提高奖学金评选的客观性，扩大奖学金受益覆盖面；协助困难生申请国家助学贷款，不让学生因为生活困难影响学业；建立经济困难学生的助学体系，增加助学形式，科学设定助学岗位，落实大学生"助教、助研、助管"工作，提高大学生的实践能力，同时解决部分困难学生的生活资助来源问题，帮助经济困难的大学生健康成长，保障学生能够顺利完成学业。

十、组织育人

发挥高校各级党组织政治核心作用和基层党支部战斗堡垒作用，自觉担负起管党治党、办学治校、育人育才的主体责任，围绕立德树人的中心任务，以学生发展为中心，以人才培养为目标，强化组织育人责任，推进组织育人工作。一方面，学校要加强组织建设，夯实育人基础。在加强组织领导班子建设的同时，加强基层党支部建设和群团组织建设，发挥工会、共青团、学生会、学生社团等组织的桥梁纽带作用，创新活动载体，通过丰富多彩的组织活动达到育人目的。另一方面，学校需要强化党团组织育人责任，形成育人合力。明确党总支、党支部和团总支的责任分工，建立工作台账，通过强化理论学习、加强党团员教育管理培训和开展形式多样的第二课堂活动等方式，培育出先进的基层党组织和优秀的共产党员，使广大师生树立坚定的社会主义核心价值观。

第四节 "三全育人"的保障机制

保障机制可以为"三全育人"的机制建设提供必要的物质和精神保障。"三全育人"只有建立起有效的保障机制，才能取得显著的效果。"三全育人"的保障机制主要包括队伍保障、组织保障、措施保障。

一、队伍保障

建立符合我国国情的高校"三全育人"保障机制，首先需要打造一支高素质的包括高校全体教职员工在内的育人队伍。高校应加强规章制度建设，明确全体教职员工的岗位育人职责，强化教职员工的责任感，不同部门之间既要合理分工，又要协同合作，在学校党委的领导下，贯彻教书育人、管理育人和服务育人的宗旨，建立相互协作的工作格局。其次需要建立高校育人工作网络，构建全员育人的网络体系。学校党政领导除了负责把握政治方向，制定学校整体发展战略，也要积极走进课堂，走近大学生，给学生上思想政治课、人文课和党团课等；在辅导员队伍建设中，加强对辅导员的培养培训，鼓励辅导员通过培训、深造等渠道，拓宽视野，提高从事大学生思政教育工作的能力；在专业教师参与思政教育方面，支持和鼓励专业教师参与学生教育管理，并通过研讨会、思政工作会议、示范课等方式，鼓励教师挖掘思政教育资源，交流专业课思政育人经验，提高育人实效；在学生干部培养方面，完善学生党、团、学等组织架构,培养学生骨干,充分发挥学生自我管理、自我服务、自我教育、自我监督的功能。

二、组织保障

组织保障是指为"三全育人"工作服务的组织机构、相关人员的组成及其运行。要做好"三全育人"的组织保障工作,首先需要建立组织协调机制,加强制度保障。学校应始终坚持以立德树人工作为工作重心,通过成立学校思想政治工作领导小组和专门机构,从整体上统筹协调学生思想政治教育工作,做好学校未来发展的顶层设计和年度工作规划,明确各级各部门的责任主体,为落实思想政治教育工作的各项任务提供保障。其次,组织保障还包括搭建多维的、立体的育人平台,形成整体育人格局。学校各部门依托育人平台整合教育资源,动员教育力量,共同推动育人系统工程。具体来说,在领导组织方面,可以成立专门的"三全育人"工作领导小组,由学院党委书记任组长,小组成员则由教务处、社科部、学生处、宣传部、科研处、团委、工会等各部门相关负责人共同组成,负责领导学校"三全育人"工作,协调各部门的力量,处理"三全育人"工作中出现的问题,提高"三全育人"工作成效。在制度建设方面,可以组织制定《三全育人实施方案》,完善工作岗位职责,出台配套制度,细化制度细则,明确工作流程,统筹各部门力量按规章制度和工作方案全面开展工作,将育人工作效果纳入监督考核机制,构建党委统一领导、党政齐抓共管、各部门分工协作的整体育人格局。

三、措施保障

无论是队伍保障还是组织保障,都离不开措施保障。措施保障侧重制度和机制方面的保障。富有成效的"三全育人"工作需要完善的育人制度和创新的育人机制。"三全育人"工作需要全员参与、全程设计、全方位实施,这项工作的有序开展不可能孤立进行,而是需要学校各个部门之间的通力合作,需要依靠一套全面的制度体系来推行,需要一套科学有效的考核机制来推动。所以,高校的领导机构职责、部门职责、工作流程、学分制度、奖助制度、考核制度等方面的工作,均需要根据工作需求制定科学的系列制度,使全校师生的育人工作有章可依、有章必依,共同全面推进"三全育人"的整体工作,实现学生成人成才。

机制建设是"三全育人"从理念设计、实践教育一直到成果巩固过程的有力保障。首先需要建立坚实的领导工作机制,成立由校级、院级部门一把手牵头负责的"三全育人"工作领导小组,进行科学、客观的顶层设计,根据社会需求和本学校特色学科找准发展方向,在党中央和教育部等相关政策文件指导下,制定符合本单位实际的"三全育人"工作计划。在切实有效的领导工作机制下,学校领导小组还可以为指导和协调学校开展"三全育人"工作提供组织保障,根据工作实际和不同岗位的职责边界,分级分类制定规划,做到既有统一的认识和目标,也有清晰的履职尽责清单。通过建立通畅的沟通机制和反馈机制,确保框架清晰、分工明确、团结协作、效率优先。其次,建立检验"三全育人"实效的客观、科学、精准的育人评价考核机制。把立德树人工作列为全员考核的关键标准,以提高大学生德育工作质量为抓手,制定相应的岗位工作考核评价指标,创新工作绩效评价方式,通过考核机制的导向作用引导教职员工树立育人意识和理念。对师风师德有问题的教职工,实行考核中的"一票否决制"。再其次,通过建立和完善人才培养机制,推动"三全育人"工作实践。一方面,搭建育人队伍梯队建设平台,提高队伍的育人责任心,并通过专业技能培训夯实队伍育人基本功;另一方面,改革育人成效评价方式,将定量评价与定性评价相结合,将育人工作评价结果和职称评聘、职务晋升、年度考核、评优奖励等挂钩,以评促建,评建结合,打造一支政治强、业务精、纪律严的专业化育人队伍,不断提升育人工作的科学化水平。最后,建设可持续发展的协同育人机制。在协同机制中,可以有效整合各种教育资源和教育力量,在不同领域和层次中实现育人要素的相互融通。协同育人机制打破了高校中以往各部门各自为战的情况,以共同的育人目标为粘合力,形成"多方参与、共同推动"的大思政工作格局。

总之,高等院校担负着培养社会主义新时代建设者的重任,在人才培养中要坚持育人为本,德育为先,培养学生树立正确的人生观、价值观和世界观,形成对中华优秀传统文化、革命文化和社会主义先进文化的正确认同,提高综合能力,养成良好的思想素质和道德素养。为此,高等院校一定要围绕立德树人的中心工作,将大学生思想政治教育工作贯穿于整个高等素质教育时期和教育教学的全过程，研究"三全育人"的实现路径，做好"三全育人"工作的保障机制建设。高校全体教职员工在党委领导下，整合与凝聚教育力量，努力提高"三全育人"的工作成效，培养社会主义发展事业的接班人。

第三章

完全学分制视角下的育人工作实践

通过认真而深入的理论学习和研讨，我们达成了三点共识：首先，"三全育人"要讲育人，就是要以学生为中心，"围绕学生、关照学生、服务学生"，努力培养德智体美劳全面发展的社会主义建设者和接班人；其次，"三全育人"要讲氛围，"三全"应是路径和手段，"立德树人"是高校的根本任务，在这里强调的是育人氛围，即要实现人人讲育人、处处讲育人、时时讲育人；最后，"三全育人"要讲成效，育人的成效是检验工作的唯一标准。

结合学院实际，落实"三全育人"的关键是需要探索促进学生个性化成长的体制机制。北京联合大学生物化学工程学院实施的是完全学分制，完全学分制就是以学生为本、因材施教、弘扬个性的教行机制和管理模式，就是以学生为中心，追求学生的个性化成长，这与育人的目标相一致。但是，学分制打乱了班级建制，班级凝聚力不强，活动开展较难，增加了学生管理的难度，对高校思想政治教育工作提出了新的挑战。因此在完全学分制背景下，如何围绕学生个性化成长发展需求，更好地服务学生成长成才，如何创造性地整合资源，营造育人氛围，应是工作的关键。

第一节　"围绕学生、关照学生、服务学生"

习近平总书记在全国高校思想政治工作会议上提出思想政治教育工作要"围绕学生、关照学生、服务学生"。完全学分制体现了以学生为本、因材施教、弘扬个性和奖优汰劣的教学运行机制和管理模式，但在管理上打乱了班级建制，班级凝聚力不强，活动开展较难，增加了学生管理的难度，对高校德育工作提出了新的挑战。如何在完全学分制背景下，围绕学生个性化成长发展需求，更好地服务学生成长成才，是德育工作者的工作重心。习近平总书记在《做党和人民满意的好老师——同北京师范大学师生代表座谈时的讲话》中指出："世界上没有两片完全相同的树叶，老师面对的是一个个性格爱好、脾气秉性、兴趣特长、家庭情况、学习状况不一的学生，必须精心加以引导和培育……好老师一定要平等对待每一个学生，尊重学生的个性，理解学生的情感，包容学生的缺点和不足，善于发现每一个学生的长处和闪光点，让所有学生都成长为有用之才。"为此，要始终围绕"尊重学生的个性"做好思想政治教育，满足大学生个性化成长需要，切实提升思想政治教育质量。

根据当代大学生的成长和发展规律，为了满足学生个性化成长需求，推行完全学分制，把学习的选择权还给学生；实施本科生导师制，加强学生的个性化指导；构建学生个性化服务与发展空间，营造环境，激发学生潜能，培养学生自主成长成才的自信心；搭建学生应用创新平台，以学生课外学术科技竞赛、第二课堂等为抓手，激发创新思维，锻炼创新能力。经过几年的实践和探索，形成全员全程全方位育人的学生个性化成长体系——"成长树型"学生工作模式（见图3-1）。

围绕学生　关照学生　服务学生

导师制

助力

发展空间 激发 学生个性化成长 牵引 应用创新

支撑

完全学分制

图3-1　"成长树型"学生工作模式

一、以完全学分制为基础平台，支撑学生个性化成长

学院实施的完全学分制，恰恰为学生个性化成长提供了基础平台。学分

制最早以"选课制"萌芽于德国，1872 年真正作为一种制度在哈佛大学开始实施。五四运动后，我国高校逐步推行学分制。1952 年后，学年制曾一度代替学分制，直到 1978 年 3 月，方毅同志在全国科学大会上正式提出"有条件的高等院校，可以实行学分制。"随后南京大学、武汉大学、哈尔滨工业大学等少数重点大学开始试行学分制。学分制是一种以学分为计量单位来衡量学生学业完成情况的教育管理制度，是在选课制发展的基础上产生的。我国在学分制的实践和探索中，出现了多种模式，包括完全学分制、学年学分制、全面加权学分制、复合学分制和特区学分制等。完全学分制体现了以学生为本、因材施教、弘扬个性和奖优汰劣的教学运行机制和管理模式，是学分制发展的高级阶段。20 世纪 90 年代后期，国内某些重点高校着手实行完全学分制改革，如浙江大学、上海交通大学、复旦大学等高校从 2000 级、2001 级本科生开始全面推行完全学分制。完全学分制下，学生可以根据自身情况，自主地选择课程、上课时间、教师，充分展现学生的个性和爱好，学生的自主性和能动性增强，学生的学习更具独创性和开拓意识，有利于综合素质的提高。而完全学分制的实施，打乱了班级建制，班级凝聚力不强，活动开展较难，增加了学生管理的难度，对高校思想政治教育工作提出了新的挑战。完全学分制建立在以选课制为基础，以绩点制、导师制为核心，包括弹性学制、主辅修制、双学位制在内的学分制管理体系，构建由注册、排课、选课、上课、实践、考核、重修等各主要教学环节在内的教学管理模式。完全学分制的实施，使学生具有了学习的选择权和自主权，充分调动起学生学习的主观能动性，激发学生学习的兴趣和发展潜能，使学生的个性化成长成为学生的内在动力，从而实现学生个性化发展的高素质应用型人才培养目标。为了更好地开展完全学分制，支撑学生个性化成长，北京联合大学生物化学工程学院 2014 年开始试行完全学分制。

第一，制定完全学分制人才培养方案。完全学分制人才培养方案明确规定各专业学生本科毕业需要达到的最低教学要求，主要用于指导学生选课和安排个性化的学习计划，可以由学生自主选择每学期修读的课程、自主安排学习进度。该方案的制定遵循了以学生发展为中心的教育理念，进一步强化了本科人才培养的基础性和适应性，强化了"分类指导、分层培养、因材施教、突出特色"的人才培养理念，满足学生自主学习和个性化发展的需求，以知识学习为基础、能力培养为重点、素质教育为核心，形成融知识、能力、素质于一体的科学的人才培养体系。完全学分制人才培养方案更注重培养学生获取知识、综合运用知识及解决实际问题的能力，坚持素质教育与专业教育并重，人文社科教育与自然科学教育交融，把素质教育融入人才培养的全过程。

第二，不断优化课程结构体系。构建结构合理、内容优质、适应学分制和多层次人才培养需要的特色课程体系。课程体系按照通识教育必修课、通识教育选修课、专业必修课及专业选修课四个部分进行搭建。处理好通识教育与专业教育、理论教学与实践教学的关系，规范通识教育课程，构建专业核心课程，设置专业拓展课程，优化课程体系，避免课程内容重复。减少必修课比例，增加选修课比例，必修课学分比例不高于70%，选修课学分比例不低于30%。压缩课内总学时，提高课外教学要求，加强课外学习指导，营造多维学习环境，培养学生自主学习能力。

第三，不断完善选课制。选课制是学分制的核心组成部分，是学分制改革能否取得实效的关键因素。选课制的主要内涵是允许学生自主选择专业（方向）、自主选择课程、自主选择教师和自主选择学习进程。扩大学生转专业比例，在学院教学资源允许的情况下，允许学生按照自己的兴趣在第一学期期末转专业；允许少数学生在第四学期期末转专业。实现学生自主选择授课教师，为了保障学生能够自主选择授课教师，通识教育必修课每门课至少由两位教师开设；专业必修课逐步实现每门课由两位教师开设，加强通识教育选课建设，开设大量选修课是实行学分制的前提，学生可以根据个人兴趣、个人发展需要和社会需求进行选课，实现文理渗透，理、工、管、艺相结合，构建自己的知识体系，组成最优化的知识结构。学院利用现有师资条件，积极加强通识教育选修课程建设，目前已建成158门，开课门数达到了需求的120%，满足了学生选课的需要。

二、以本科生导师制为核心保障，助力学生个性化成长

学院实行本科生导师制是落实"三全育人"的重要措施，是全面加强一体化德育体系建设的重要载体，是促进学生个性化成长的重要保证，也是为全体教师更好地践行教书育人使命搭建的重要平台，导师既要对学生进行学

业上的指导，又要对学生的成长成才全面负责。

导师要帮助学生了解学校的专业设置、培养目标、教学计划，根据学生的知识结构、自身特点和兴趣爱好，对学生的发展方向提出建议，指导学生制订适合自身发展的个人学习计划，合理安排学习进程，确定修读课程，选择专业，及时了解学生的思想、学习和生活状况，与辅导员一起不断提升学生的认知能力、合作能力、创新能力和职业能力，促进学生的全面发展。

第一，完善本科生导师制。北京联合大学生物化学工程学院 2009 年开始试行本科生导师制，2010 年全面实行本科生导师制，本科生导师制是实行完全学分制的重要保证。2014 年学院实行完全学分制后，对本科生导师制进一步加以完善，构建了本科生导师制管理体系，成立了导师工作领导小组；完善了本科生导师制工作模式，学生入学后即为每个学生配备导师，导师配备实行双向选择，每名导师在每一届学生中指导 3—8 名学生，导师对学生进行全面的指导，最大限度地挖掘学生的个人潜力，尽可能地使学生的能力得到提高和发展，避免学生盲目性地选择，真正达到因材施教的目的。

第二，组建以导师为核心的促进学生个性化成长的学生团队。2016 年 1月，北京联合大学生物化学工程学院提出重点加强以导师为核心、学生为主体、纵向班级为载体的"学生个性化成长的学生团队"建设。2016 年 9 月开始实行以导师为核心的纵向班集体建设，建立了 89 个导师班，创新了学生班级管理模式。以导师为核心的纵向班级打破以往专业年级的班级命名方式，以"专业名称+个性化团队名称"构成，如人力精英班等，形成了多元化班级文化，营造了朝气蓬勃的班级建设氛围。同时，形成了以导师为核心的学习共同体，纵向班级中不同年级的学生在一起，导师指导学生科技创新项目成为普遍现象，这种模式有益地培养了学生的团队意识，充分发挥了学生的主观能动性，为学生学习专业知识和培养实践能力提供了充足的空间。

自 2014 年学院实行完全学分制改革和 2016 年全面推行以导师为核心的纵向班集体建设以来，导师的"四导"（即导学、导研、导生活、导就业）职责更加明确，特别是导学、导研在学风建设中的作用尤为突出。学院规定每周三 13：00—14：50 不排课，在制度上保障了导师组织班级活动的时间，建立了教师导学系统，搭建起师生实时沟通的桥梁。为使导学、导研有的放矢，各专业负责人制定了针对不同年级学生的指导意见，明确了各年级的导学目

标和建议措施。

第三,指导学生制定《学生个性化成长方案》。为了将成长的主动权交给学生,促进学生个性化成长,学院采取试点先行、稳步推进的建设原则,以学生成长为中心,为本科生量身定制《学生个性化成长方案》。成长方案包括学生的基本信息、个人成长目标(总体发展目标、学年阶段目标)和行动方案,涵盖第一课堂与第二课堂内容,详细记录学生专业能力与综合素质全面成长、导师个性化指导等方面内容。

《学生个性化成长方案》是在导师和辅导员共同指导下开展,学生自主制定的适合自身的成长方案。方案要求学生对第一课堂、第二课堂的学习生活进行科学规划,充分发挥主观能动性,从而达到潜移默化、润物无声的教育引导效果。《学生个性化成长方案》的制定过程还帮助学生更全面深入了解学校的专业设置、培养目标、教学计划,同时也促进导师和辅导员及时了解学生的思想、学习和生活状况,既便于对学生进行学业上的指导,又便于对学生的思想进行引领。

三、打造学生服务与发展空间,促进学生个性化成长

学院从学生个性化服务与发展的角度整合空间资源,为学生个性化成长需要建设了学生事务中心、创格空间等育人空间。

为了更好地服务于学生的个性化成长,学院建设学生事务中心,从学生个性化服务与个性化发展两个维度,设计空间、流程和管理制度。在学生个性化服务方面,通过组建学生服务团队、开放式咨询服务窗口、自助服务区的形式开展学生自我服务,从而解决除选课和课程以外的其他问题的咨询,服务项目涵盖教学咨询、学生日常管理、学团事务、就业指导、奖勤助贷补、卡务充值、材料收发、后勤服务、户籍服务、创新平台、会议讲座、社团活动等。学生服务团队还利用网络新媒体,建设微信平台,服务内容包括通知、处理学生事务、答疑、信息反馈、学生权益维护等。学生服务团队从自身的体验出发,从节省时间、细致周到、助人自助及人文关怀、环境布置等方面为学生提供了优质的个性化服务。在学生个性化发展方面,学院在学生服务中心开展了学生个性化成长空间的建设:自主创业水吧——学生创业空间,自主学习区——学生学习空间,个性化团队活动室——学生个性化活动空间,

多功能活动大厅——学生个性化展示空间。同时，搭建了教授导学工作室、学生深度辅导室、开放式学生会谈区等，通过"辅导员+导师"的育人机制引领学生个性化成长。为了满足更多学生创新创业等个性化需求，学院成立了专门的创业社团，通过"创业导师+专业导师"对创业学生团队进行全程个性化跟踪辅导，利用"创格空间"和"创格之星"等创新创业实践平台，以项目为牵引，聚合各方资源，为学生的创业学习和创业想法落地提供支持和保障。

四、以应用创新为重要抓手，提升学生个性化成长

学院以学生课外学术科技竞赛、第二课堂等为抓手，搭建了学生应用创新平台，思考并解决社会实际问题。通过学院的积极鼓励和支持，通过辅导员和导师的悉心指导，激发了学生个性潜能，更多的学生和团队寻找到了自身的最强点和闪光点，提升了应用创新能力。

近五年，我院本科生科研训练计划项目累计申报学生科技创新作品430项，参加学生4000余人，累计使用项目资金246.68万元；近五年参加各级别"挑战杯"竞赛共获奖91项，其中国家级5项，市级33项；连续十三年获"启明星"校级竞赛团体金奖。其中《解决城市老旧社区"停车难"问题的对策研究——以北京市堡头老旧社区为例》获"挑战杯"全国大学生课外学术科技作品竞赛二等奖、交叉学科一等奖；《北京市属高校大学生公民道德现状及建设路径调查研究——以三所北京市属高校为例》获第十四届"挑战杯"中航工业全国大学生课外学术科技作品竞赛三等奖、第八届"挑战杯"首都大学生竞赛特等奖；《北京老旧社区垃圾处理模式创新与一次尝试——以堡头社区为例》获第十五届"挑战杯"中国银行全国大学生课外学术科技作品竞赛三等奖，获第九届"挑战杯"首都大学生竞赛特等奖。学生对社会服务的热情也逐渐升高，建环专业"室内环境检测"项目组长期服务于堡头社区，艺术系学生党支部服务于怪村太平鼓非物质文化遗产的保护，等等。

近年来，学院非常重视第二课堂在个性化育人环节的作用，从学生发展核心六大素养和大学生应该提高的四大能力出发，制定《健康与环境学院第二课堂个性化选课手册》，完善和规范第二课堂，不断提升学生个性化潜能。与此同时，更多的学生的潜能也被激发出来，学生在教师的指导下，以应用

创新为出发点，研究和开发了内容丰富的创新创意作品，例如：能实现个性定制的洗护健康系列产品，为户外运动爱好者和 EDC 玩家打造的机械师工具手环，为 3—6 岁盲童设计制作开发的教学用具，等等。学院也通过举办校园歌手大赛、演讲比赛、主持人大赛、辩论赛、大学生论坛、社团节、体育节等活动，为学生提供展示自我、超越自我的舞台，激发学生的潜能，以提升其个性化成长。

第二节　"同向同行，协同育人"

根据习近平总书记"其他各门课都要守好一段渠、种好责任田，使各类课程与思想政治理论课同向同行，形成协同效应"的指示精神，教育部研究制定了《高等学校课程思政建设指导纲要》，强调了思政课程和其他各类课程同向同行，形成协同效应的必要性。同样在思想政治教育工作过程中，专职辅导员和专业教师也需要同向同行，形成协同效应。

全员育人，我们深刻体会到主要体现在合作协同，而并不是独立的个体或部门。实现纵向班集体建设后，学院取消了之前"辅导员+班主任"的工作模式，取而代之的是"辅导员+专业导师"的协同育人模式。但之前的辅导员和班主任有明确的职责和分工，而辅导员和专业导师如何协同开展工作，这是我们需要思考并研究的，为此我们专门申报课题进行研究。完全学分制下普通高校辅导员和专业导师这两支重要的育人队伍，在人才培养目标上是一致的。在实际的育人过程中，围绕着培养目标，二者能够发挥各自的优势，形成育人合力，产生协同效应，达到最佳的育人效果至关重要，也是全员、全过程、全方位育人的体现，有利于推动高校内涵式发展。在工作中我们应突破对辅导员思想政治教育及专业导师课程指导的传统认识和模式，使二者相互补充、契合，各自发挥特长。在深入广泛的问卷调查、访谈、案例分析基础上，分析现行大学生培养模式存在的问题，有针对性地构建辅导员和专业导师协同育人的模式，从学生学习能力、创新能力、就业能力的提升等方面证明辅导员与专业导师协同育人模式的实效性。

一、协同育人机制

（一）协同论

协同论（Synergetics）亦称"协同学"或"协合学"，意为"协调合作之学"，是20世纪70年代以来在多学科研究基础上逐渐形成和发展起来的学科，其创立者是斯图加特大学教授、著名物理学家哈肯（Hermann Haken）。简而言之，协同论就是研究系统从无序到有序的理论。协同论认为，千差万别的系统，尽管其属性不同，但在整个环境中，各个系统间存在着相互影响又相互合作的关系。在外来能量的作用下子系统之间就会产生协同作用，这种协同作用是系统有序结构形成的内驱力，能使系统在临界点发生质变产生协同效应，使系统从无序变为有序，从混沌中产生某种稳定结构。然而，系统能否发挥协同效应是由系统内部各子系统的协同作用决定的，协同得好，系统的整体性功能就好。如果一个管理系统内部，人、组织、环境等各子系统内部以及他们之间相互协调配合，共同围绕目标齐心协力地运作，那么就能产生1+1>2的协同效应。辅导员和专业导师的育人过程是科技创新、学习能力、思想道德品质等方面的综合教育实践过程，这个过程将产生合作行为和协调运动，符合协同论的要件，二者围绕目标齐心协力地运作，为产生1+1>2的协同效应，寻找最适当的协同育人模式。

（二）调研分析

对调研辅导员与专业导师的育人现状，进行 SWOT 分析。

1. 辅导员与专业导师的育人现状调查问卷分析、访谈总结

通过问卷对辅导员和专业导师的指导方式、交流频率、交流方式、指导内容、辅导员欠缺能力、导师存在问题进行调研；围绕辅导员和专业导师育人方法、效果、困境及是否协同配合开展访谈，总结如下：

第一，辅导员育人有优势，但作用发挥仍不充分。辅导员育人有优势：辅导员普遍年轻，富有朝气，与学生有共同语言，容易拉近心理距离，产生信任，建立朋友关系；辅导员具有思想政治教育技巧和组织资源，教育手段较多；工作量大且繁杂，协调处理能力较强；处于学生工作一线，有一手数据，能及时了解学生情绪、需求；工作积极热情，能与时俱进，有效利用新媒体等先进技术手段开展育人工作。

辅导员作用发挥仍不充分:辅导员工作面宽、内容繁杂,且严重缺编,工作针对性不强;辅导员的工作多以管理为主,大量的时间被事务性工作占据,对学生的思想引领、心理疏导、安全教育等核心工作力不从心,导致辅导员的思想政治教育功能弱化、效果不佳;多数高校辅导员反映待遇问题缺乏保障,发展渠道不顺畅,因此自我价值感弱、自我认同缺失,导致队伍不稳定,不利于学生工作的开展;由于辅导员多是思想政治教育专业出身,学业指导无力,在学生学业辅导过程中缺乏威信,学习能力的指导力度不强。

第二,专业导师育人有优势,但育人效果也受限制。专业导师育人有优势:专业导师普遍学历较高,专业水平高,科研能力强,具有权威优势;专业导师在专业领域发展多年,年龄较长,人生经验更丰富,社会资源较多,具有人际优势,有利于开展职业生涯规划及就业指导;专业导师可通过专业课堂、科研项目、专业实践等载体开展育人工作,途径较多,具有时空优势;专业导师的个性化指导受到学生欢迎,有利于专业导师进行言传身教。

专业导师育人效果也受限制:专业导师科研压力较大,承担教学及教研任务,所带学生众多,无暇顾及学生的思想情况;有些高校要求专业导师具有副教授以上职称,因此导师资源匮乏,制约了本科生导师制的执行;专业导师一般重视学术培养,对学生思想状况重视不足,缺乏思想政治教育的技巧,因此,专业导师在大学生教育实践中的作用发挥不彻底,育人效果受到限制。

第三,辅导员与专业导师沟通交流不畅。根据访谈调查数据显示,正常情况下,每学期内,高达65%的辅导员或专业导师表示无沟通交流,仅30%的辅导员或专业导师表示沟通过一次,沟通过2次及以上的不超过5%。但当学生在思想、学业、生活、安全等方面出现问题的情况下,辅导员与专业导师相互交流的概率大大提升。另外专业导师学历较高、科研压力较大,与辅导员主动沟通意愿较弱,多是辅导员主动发起沟通请求。由于辅导员与专业导师各管一块,两者工作内容基本没有交集,双方缺乏沟通机会及有效的沟通途径。

鉴于学生对辅导员和专业导师的期待和实际工作情况的数据分析,以及对辅导员和专业导师的大量访谈总结,本书尝试构建辅导员和专业导师协同育人模式,力争发挥二者最大育人效能。

2. 对辅导员和专业导师的育人现状进行 SWOT 分析

基于问卷调查和访谈数据，以及相关文献调研，分析辅导员和专业导师育人过程中的内部优劣势和外部机遇与挑战，对辅导员和专业导师育人现状进行 SWOT 分析。

（1）辅导员育人现状的 SWOT 分析

表 3-1　辅导员育人现状的 SWOT 分析

战略　　内部条件　　外部环境	优势 1. 朝气年轻，情感贴近，朋友角色，容易产生信任； 2. 具有思想政治教育技巧和组织资源； 3. 工作量大且繁杂，协调处理能力较强； 4. 处于学生工作一线，有一手数据，了解学生情绪、需求。	劣势 1. 缺乏专业背景，专业指导无力，缺乏威信； 2. 自我认同缺失； 3. 归属感差。
机遇 1. 受重视：中央十六号文件、全国高校辅导员队伍建设工作会议； 2. 新媒体：重大事件能够提供生动素材； 3. 途径多：思政课堂、校园文化活动； 4. 中国特色社会主义理论不断完善。	SO 战略 利用网络新媒体的发展，开拓工作思路； 充分利用多种育人平台开展思政工作； 理论联系实际，与时俱进，用最新的理论指导实践。	WO 战略 选聘辅导员时考虑专业，辅导员可适当参与专业教学教研活动； 党中央高度重视，发挥自我效能感； 加强校际交流，学习提高并建立自信。
挑战 1. 市场经济、网络发展； 2. 事务性工作繁杂、教育功能弱化； 3. 专职辅导员队伍不稳定、缺员； 4. 待遇问题缺乏保障； 5. 发展渠道不顺畅； 6. 管理制度不健全，多头管理，职责不清。	ST 战略 发挥年轻及一线工作优势，创新工作方法，培育社会主义核心价值观； 建立培训机制，优化工作方法和提高工作能力； 完善激励机制，提升待遇，打通上升通道； 捋顺关系，健全制度，明确职责； 加强人文关怀与情感关注。	WT 战略 建立准入制度，强调专业背景； 创新辅导员的归口管理制度； "用养结合"，科学制定辅导员的职业发展规划； 完善辅导员考核机制。

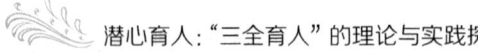

（2）专业导师育人现状的 SWOT 分析

表 3-2　专业导师育人现状的 SWOT 分析

战略 内部条件 外部环境	优势 1. 权威优势：知识水平高、专业水平高、科研能力强； 2. 人际优势：人生经验丰富； 3. 时空优势：育人渠道多。	劣势 1. 缺乏思想政治教育的主观意识和技巧； 2. 专业导师科研压力大，指导时间难以保证。
机遇 1. 个性化指导受到学生欢迎； 2. 学分制的必要组成部分； 3. 专业课堂，身正示范，科研载体，专业实践。	SO 战略 发挥专业导师权威优势，促进个性化育人效果； 发挥专业导师人际优势，引导学生建立健康三观； 发挥时空优势，加强专业导师思政工作。	WO 战略 加大宣传力度，提升认识； 进一步细化双向责任义务； 建立培训机制，提升育人技巧； 指导方式多元化发展，提高专业导师指导频率。
挑战 1. 专业导师资源匮乏； 2. 专业导师定位不清，职责模糊； 3. 评价机制和管理及配套保障制度不完善。	ST 战略 拓宽专业导师队伍来源，优化专业导师资源库； 完善各项规章制度，形成评价激励机制； 捋顺关系，健全制度，明确职责。	WT 战略 加强专业导师队伍建设； 确定合理的师生比例，保证指导质量。

辅导员和专业导师育人各有优劣势，调动他们的积极性，充分发挥优势，使二者有机地结合起来，形成育人合力，产生协同效应，将有效促进学生在科研、实践、职业、学业和思想情操等各个方面健康全面地发展。

（三）构建辅导员与专业导师协同育人模式

辅导员和专业导师在完全学分制下如何发挥各自的优势，形成优势互补，产生协同育人模式，培养高水平、高素质的优秀大学生是我们思想政治教育工作者面临的重要课题。探索一种学专融合协同育人模式是辅导员和专业导师做好育人工作的当务之急。学专融合从工作部门来理解是指学生工作和教学工作的融合，从工作内容上来理解是指学生思想教育与专业教育的融合。实施学专融合工作模式，就是要在专业教育中融入德育的思想和内容，德育中结合并运用专业教育知识和能力，把二者有机融合，促进学生思想和能力的双提高。学专融合协同育人模式，其中的重要环节是两大育人主体，即辅导员与专业导师以学生发展为中心，围绕目标、发挥各自优势，通过搭建平台、组建团队、建立机制等方式实现协同效应，形成育人合力，这也是学生工作队伍和专业教学研究队伍形成合力的具体表现，最终共同促进学生成长，知识、素质、能力健康全面发展。

1. 搭建平台，保证协同育人的实施

通过搭建书院人文素养提升平台、创新实验室实践平台、学生事务中心平台，有利于辅导员与专业导师工作内容相互融合、互相渗透、提高效率，保证协同育人的实施。

人文素养提升平台：书院制是实现通识教育（素质教育）和专才教育相结合，力图达到均衡教育目标的一种学生教育管理制度。书院通过通识教育课程和提供非形式教育，配合完全学分制，开展学术及文化活动，实现学生文理渗透、专业互补、个性拓展，鼓励不同背景的学生互相学习交流，满足学生的个性化发展需要，最终促进学生的全面发展。书院制为辅导员和专业导师提供了育人平台，创造了更多的交流机会。专业导师负责学生的课程规划、专业辅导、就业指导和科研创新，可以深入书院学生宿舍，在空间上与学生拉近心理距离，在德育及做人方面言传身教。辅导员负责思想政治教育工作，在组织各类主题活动的同时，可以协助专业导师共同开展专业教育，组织学术沙龙、科研创新活动。辅导员与专业导师在书院平台上协同配合，以非课程形式开展教育工作，实现人文环境建设及学生综合素质的提升。

创新实验室实践平台：创新实验室，是学生课外科技创新活动的基地，是一个可以组合变化的大平台。专业设备和自由空间可以允许学生做他们自己想做的实验和开发，支持他们富有创造性的活动，同时该平台也可以组织小型技术讲座和专业竞赛，引导学生向更专业的方向发展，进一步提高大学生科技创新水平。创新实验室活动以大学生自主（或推荐）科研立项为载体，以科研创新活动为主线，拓展了学生科技实践活动的空间，通过专业教师引导，把先进的科研成果和新技术引入学生实践中。在这里，学生可以将课堂上学习的理论知识加以验证，使其更加扎实，提升专业技能，掌握大型现代分析仪器的构造、原理及其使用方法，了解仪器性能及其应用，有利于培养学生文献检索和获取能力、独立解决问题能力、积极探索精神、创新意识和实践能力以及科研论文写作能力,全面提升学生的创新性思维和科学素养。学生创新思维和科学素养的培养是一个长期的过程,专业导师可以充分利用创新实验室的空间进行专业教育及科研指导,辅导员可以将主题活动搬入实验室,培养学生探索精神、严谨的科学态度及对科学的兴趣,激发学生的求知欲,创新实验室的建设为学生的创新意识和实践能力的提高提供了良好的软件和硬件条件,同时提升了高校科研氛围。

学生事务中心平台:建立学生事务服务中心,由专业人员将常规的事务性工作进行统一管理,使管理过程规范化、流程化、专业化,提高学生办理相关事务的效率,使辅导员和专业导师从烦琐耗时的事务性工作中摆脱出来,专注于思想政治教育、专业教育、素质培养等核心工作。另外,搭建学生事务中心网络平台,使管理过程信息化,方便快捷获得学生的奖、助、勤、贷、补信息,有利于辅导员和导师全面了解学生,提高二者的沟通效率及育人的针对性、有效性。

2. 组建团队,增强协同育人的实效

辅导员与专业导师组建团队,协作配合。辅导员负责学生思想政治教育,同时指导学生的学业发展、各类科技活动,甚至参与专业教育、毕业设计环节;专业导师指导学生学术活动、学业规划及实践操作的同时,进行理想信念教育。二者工作内容相互融合,互相渗透,以党团组织及科技创新团队为载体,与学生组成师生共同体,目标一致,资源共享,最终实现教学相长、协同育人的实效。

科研开发团队:辅导员与专业导师可以协同配合,共同组建科研团队。大学一年级侧重体验,以思想政治理论综合实践课和学生科技社团作为主要内容,组织学生深入社会进行各类题目的调研,在体验与调研的基础上启发创意,培育创新想法;大学二年级强调参与,鼓励学生在调研的基础上深入研究,形成课题并参与到科研项目中;大学三年级追求成果,以"挑战杯"系列科技赛事为驱动;大学四年级强调分享与成果转化。

学业指导团队:辅导员与专业导师组建学业规划指导团队,定期组织专业学科的教授进行学科发展、专业前沿、学习方法等相关讲座。专业发展辅导座谈;由辅导员和专业导师组成的团队共同完成对每位学生在校期间学业规划的个性化指导，并对在校生实际所修学科进行定期记录，形成学业生涯发展轨迹，有利于明确学习目标，并有迹可循，做到及时发现问题并对有需求的学生给予特殊关注和学业帮扶。

职业发展指导团队：辅导员与专业导师协同配合，组建职业规划指导团队。大学一年级，辅导员通过职业规划指导课程，专业导师通过指导实习、专业教育对学生进行职业意识的启蒙，使学生初步完成自我探索、职业探索过程；大学二、三年级，专业导师进行职业训练、专业课程的讲授及专业比赛的指导，辅导员通过专业活动的组织，使学生进行职业定位、职业生涯规划设计，提升职业素质与专业能力；大学四年级，辅导员进行统一的就业政策、法规，就业心理，就业信息的指导，专业导师进行就业技巧的指导及个性化推荐，使学生具备就业竞争力。

素质拓展团队：以具有相同兴趣爱好的学生组成的社团为载体，聘请相关领域的知名教授、学者、辅导员进行具体指导，培养学生的沟通表达能力、科技创新能力、协调组织能力等。

3. 建立机制，促进协同育人的发展

对辅导员和专业导师，分别制定融合机制、激励机制、约束机制、双向交流机制、培训机制，完善本科生导师制实施方案、辅导员和专业导师考核管理办法，促进协同育人模式的实施与发展。

融合机制：建立辅导员与专业导师队伍建设融合机制，辅导员所属学工部和专业导师所属教务处要协调配合，对两支队伍实现共同的管理和指导，辅导员与专业导师两支队伍实现捆绑式发展。从工作对象角度考虑，专业导师每年级分管5—8名学生，四年纵向指导20名以上学生，将辅导员按照年级划分工作对象的模式转变为按照专业划分，将更加适应完全学分制的改革。学生的自由选课使得班级和年级的概念弱化，然而专业培养方向不变，辅导员与专业导师之间关系也因此更加稳固，辅导员由之前对应联系的一个年级、多个专业、众多导师，转而面对四个年级、一个专业、有限数量导师，这将极大提高辅导员与专业导师之间的沟通效率与效果，增加育人的连续性和针对性。

激励机制：学生参加各级各类学术和文体活动获得校级以上奖励，给予辅导员和专业导师相应研时、工作量、参与公共服务的认定，以及适度给予津贴奖励,并在职称评定、绩效考核时适度考虑。

约束机制:完善辅导员和专业导师考核管理办法及专业导师制实施方案,制定相关制度。比如,安排辅导员进入学生专业培养环节,要求辅导员做学业分析及选课指导,要求专业导师参与指导各类文体社团活动、学术活动、社会实践等,并将辅导员参与学业指导情况和专业导师参与思想政治教育工作情况作为重要的考核指标;学生党支部与专业导师支部共建,或以专业为单位组建学生和专业导师联合党支部,共同开展支部活动;专业导师在学生各类评优评奖、申请国家助学贷款、发展党员时提出意见并作为重要参考。

双向交流机制:建立辅导员和专业导师联席会议制度,系部领导负责并组织辅导员和专业导师每周或者每月定期会面,面对面交流沟通学生在生活、学习、工作等方面的情况以及特殊学生的教育方式和方法。在信息充分沟通的基础上,将有利于促进对每个学生的个性化培养方案的实施。将辅导员与专业导师定时沟通作为辅导员和专业导师考核指标之一,形成长效机制。

培训机制:针对辅导员专业水平欠缺、专业指导无力的劣势和专业导师思想政治教育缺乏技巧、手段等问题进行定期业务培训,如就业政策、学术发展、心理辅导工作技巧等,为二者工作互相渗透、互相补充提供条件。

辅导员和专业导师学专融合协同育人模式的构建,进一步完善了辅导员制和本科生导师制,为改进高校学生管理工作提供了理论依据,是高校人才培养的新途径。这也从主体上将管理育人、教书育人和服务育人"三育人"有机结合起来,丰富了高校思想政治教育的内涵,找准了推进大学生思想政治工作的突破口和着力点。

(四)整合指导力量

由于选课制的实施,出现了学生同班不同学、同学不同班的现象,原来的横向班集体难以适应,出现了班级凝聚力差、学生班会开不起来等问题。为了解决这一难题,同时也为加强对学生的指导,学院开展了以导师为核心的纵向班集体建设,即由专业导师所带的不同年级的学生组成一个班集体。这一班集体建设的创新,打破了原来的横向班集体,最初老师同学们很难适应,原来横向班集体的评奖评优和班集体活动都无法开展,甚至包括班级名称也需要重新命名。经过几年的摸索和实践,老师和同学们逐渐适应和喜欢上了纵向班集体,它最大的优势是融辅导员、专业导师、学长等指导力量为一体，让学生在这样的班集体中得到更多的学习机会。

在纵向班集体建设的过程中，班级名称可谓五花八门，不易区分，有的还存在歧义，为此学院进行了规范。完全学分制下班集体是由专业导师为核心，由各年级学生组建而成，班级名称一般由专业名称的简称加个性化名称构成，如人力雄鹰班，人力是学院人力资源专业，雄鹰是班级的个性化名称，要求名称应积极向上，体现班级特点，班级内部名称的字数不得超过 8 个字，不建议使用数字、英文等。团支部的名称应和班级名称保持一致。班级的人数也做了具体的规定，班级人数一般应不少于 20 人，不多于 40 人，成立班级由各系根据专业情况进行调整。

目前，学院结合完全学分制改革，以专业导师为核心，以学生为主体，以纵向建班为载体，不断推进学生个性化成长的学生团队建设。目前共组建了 67 个纵向班级，包括了全体本科学生。为加强我院班级建设、增强班集体凝聚力、充分发挥班集体学生干部在班级中的带头作用，学院构建了纵向建班集体工作机制，充分发挥"辅导员+专业导师"的协同育人机制，整合指导力量。在此机制下，专业导师主要负责指导学业、科研、就业，辅导员主要负责引领思想、开展安全教育、进行心理指导等，两支主要力量以学生为中心开展第一课堂和第二课堂的协同配合，提高育人实效性。

专业导师充分发挥教书育人的作用，组织纵向班级积极开展班级团队建设，通过创建班级文化，开展班级活动，加强导师与同学、同学与同学之间的沟通、交流、协作，提升班级团队意识和凝聚力；通过指导学生参与的科技项目，让学生在学术团队中健康成长。在这样的氛围下，学院多项科技活动获奖，校园学风得到了明显改善。

二、协同服务机制

为进一步推进完全学分制改革、更好服务学生，成立生物化学工程学院学生事务中心，中心挂靠院学生处。学生事务中心服务项目涵盖教学、学生日常管理、团学、就业、奖勤助贷补、收费咨询、后勤服务、保卫、户政等综合事务，有利于提高服务水平和能力。

2016 年学院建设学生事务中心，从学生个性化服务与个性化发展两个维度，设计空间、流程和管理制度。在学生个性化服务方面，通过组建学生服务团队，以开放式咨询服务窗口、自助服务区的形式开展学生自我服务，来满足学生的个性化需求，从而解决除选课和课程以外的所有问题的咨询。服务项目涵盖教学咨询、学生日常管理、学团事务、就业指导、奖勤助贷补、卡务充值、材料收发、后勤服务、户籍服务、创新平台、会议讲座、社团活动等。学生服务团队还利用网络新媒体，建设微信平台，服务内容包括通知、处理学生事务、答疑、信息反馈、学生权益维护等。学生服务团队从自身的体验出发，从节省时间、细致周到、助人自助及人文关怀、环境布置等方面为学生提供了优质的个性化服务体验。在学生个性化发展方面，学院在学生服务中心开展了学生个性化成长空间的建设：自主创业水吧——学生创业空间，自主学习区——学生学习空间，个性化团队活动室——学生个性化活动空间，多功能活动大厅——学生个性化展示空间。

学生事务中心的成立，整合了学院学生事务，使面对学生的服务更加周到，使服务育人成为可能。同时也使得辅导员从繁杂的事务中解放出来，专心从事学生日常思想政治工作。

三、协同创新机制

创新是学生成长的源泉，学生学会创新，也就意味着他离成功不远了。学生的专业兴趣一旦激发，内驱产生的能量将不可限量。在真实的创新创业实践中思考和锻炼，是促进学生快速成长的重要方式。

学院紧紧围绕完全学分制改革，充分发挥在学生科技活动方面积累的优势，在扎实推进北京市人力资源和社会保障局大学生创业培训试点工作的基础上，积极参与朝阳区大学生创新创业实践基地建设，在毕业生中积极开展创新创业教育工作，已收到初步成效。2016年5月，学院启动了大学生创新创业实践基地建设项目——创格空间，它是为大学生创新创业提供专业培训、研讨交流、政策咨询及各类资源的对接平台。目前，学院已经初步完成了创格空间的整体规划，其中包括创业体验馆、能力训练坊、创新实验室和创业实战营等功能区，毕业生既可以在创格空间里的咖啡厅、陶艺馆和影像馆内学习专业技能、参与市场经营，获得创业体验，也可以利用"Triz创新实验室"、设计思维工作坊、原型制作工作坊等场所进行专项能力提升训练及创新创业实践，源自德国的"黑暗中对话"工作坊和"即兴戏剧表演"工作坊可以使学生们在互动体验过程中激发创造力、提升沟通协作能力及团队领导力。

为了给毕业生提供更多创新创业的实践机会，学院依托大学科技园、大学生创业园、创业孵化基地和小微企业创业基地等，建设了学生校外创新创业实践基地。其中包括北人户外文化产业园、北京邑炫网络科技有限公司、尚科办公社区等，企业和园区从人才培养、技术服务、项目孵化、校园推广等方面与学院展开全方位合作，并通过授课、沙龙、社会实践等方式，与学院共同引导学生创业，帮助学生树立正确的创业观，降低学生创业的风险性及盲目性，把学生的创新思维转化为具有市场价值的产品，并投放进市场，为创新型人才培养保驾护航。

学院积极实施大学生创新创业训练计划，组织举办或引导学生积极参加各类科技创新、创意设计、创业计划等专题竞赛，并获得优异成绩。2014年我院在"创青春"首都大学生创业大赛中获银奖1项，铜奖3项；2016年第二届全国"互联网+"大赛中，我院共有两个团队获得市赛三等奖；2017年第三届全国"互联网+"大赛中，我院有三个团队获得市赛二等奖，四个团队获得市赛三等奖；2016年，有一个团队获北京地区高校大学生优秀创业团队最佳潜力奖，获得北京市教委支持入驻中关村软件园；2017年，有一个团队获"2017中国移动创客马拉松之Onenet"城市系列赛华北赛区优胜奖；2017年有一个团队获北京地区高校大学生优秀创业团队评选二等奖。

统计资料显示，2016年我院毕业生注册公司3家，2017年毕业生已注册科技型公司4家，公司经营的业务涵盖了人力资源、电子商务、文化创意、建筑设计等多个领域。

加强学科竞赛学生的参与度及教师指导的力度，通过学科竞赛提高大学生的实践创新能力。除了积极鼓励学生参加学校组织的各种竞赛，还支持学生参加具有一定影响力的行业竞赛项目。近五年，学院师生共获"挑战杯"等科技竞赛奖项98项，其中国家级5项，市级33项。并且，学院已连续十三年获"启明星"校级竞赛团体金奖。

第三节 "守好一段渠、种好责任田"

全方位育人强调育人成效的全面性，在教育场域上是第一课堂、第二课堂和网络虚拟空间的结合；在育人指向上包括德育、智育、体育、美育、劳育的全面结合；在教育形式上包括显性教育与隐性教育的结合；在教育内容上包括"思政课程"和"课程思政"的结合；在教育途径上包括课堂教学和社会实践的结合。

在社会主义新时代全方位育人中，立德树人的教育工作要从线上延伸到线下，从课内延伸到课外，从校内延伸到校外，丰富思政教育的资源，拓展思政教育的形式和传播途径，全方面聚焦育人主题。"思想政治工作决不是单纯一条线的工作，而应该是全方位的，无处不在、无时不在的"。[1]高校的德育工作应当注重大学生的全面发展，致力于培养大学生的全面素质，实现校园文化、网络文化和社会文化的有机融合与全方位覆盖，全面构建学生成长成才教育、管理、服务体系。

一、守好第一课堂主渠道

为促进学生全面发展，推动学生个性化成长，加强对学生发展的教学与研究，强化日常思想政治教育、心理教育、职业生涯规划与就业指导、第二课堂等教学活动对学生发展的指导作用，成立学生发展教研室，有利于教学水平的提升和研究主题的深入，提高学生个性化成长的指导能力。

学生发展教研室的具体职责主要有以下三方面：

第一，负责教研室所属课程的教学运行、管理、教师选聘、教学大纲制定、教学任务落实等。教研室所属课程包括：提高学生思想水平的党课、团课、国防教育、廉洁教育、入学教育和毕业教育；帮助学生就业创业的职业规划和就业指导课程；提升学生综合实践能力的第二课堂、公益劳动和志愿服务。

第二，负责教研室所属课程的教师队伍建设。定期召开教学研讨会，对教学内容、教学环节、课程思政元素等进行研讨，创新思路方法，提升教学效果。教研室的成员结合专业及特长，选择承担1—2门课程，并为学生提供相应的指导和咨询。

第三，负责教研室所属课程的教学研究。积极开展教学改革的研究，探

---

〔1〕 人民日报评论员："坚持党对教育事业的全面领导——论学习贯彻习近平总书记全国教育大会重要讲话"，载《人民日报》2018年9月18日，第2版。

索有实效的教学模式和教学方法；推进课程思政的建设，探索有效的育人模式。

二、种好第二课堂责任田

按照团中央的统一部署，结合校院实际，第二课堂活动平台分为"德育、智育、体育、美育、劳育"五大平台，活动平台的转变体现出高校育人目标的转变，展现高校坚持把立德树人作为中心环节，培养德智体美劳全面发展的社会主义建设者和接班人的信心和决心。2019年统一修订新一版的本科生培养方案，将第二课堂纳入人才培养体系，制定《北京联合大学生物化学工程学院第二课堂培养方案》，实现活动课程化，规定举办时间、规模、指导教师等，真正做到课上、课下齐育人。

第二课堂五大平台包括相应的必修课程和选修课程，必修课程为学校统一开设的课程，开课部门一般为校一级职能部门，本科生在四年、专升本学生在两年的学习过程中按照学校要求将规定的必修课程修完，即可获得相应的必修成长积分。选修课程的情况相对复杂，虽然学校规定了一部分选修课程，但是无法满足广大学生的选课需求，因此需要各学院根据自身特点进行扩充。学生可根据制定的培养方案中的选修课程进行选课，本科生原则上只要修够40个选修积分，专升本学生修够20个选修积分就可毕业。如果一名学生学习态度比较积极，在各项活动中表现突出且在不影响学业和必修课程的前提下，仍有余力参与各项选修课程，其超过毕业线的积分将用在该生本年度的综合测评工作中。新修订的学生手册中将学生综合测评办法做了一定的修改，将原有的"品德行为表现分×20%＋学业表现×70%＋文体表现分×10%"修改为"学生第一课堂成绩×60%＋学生第二课堂成绩×40%"，第二课堂成绩的占比明显提升，给予了学生更多参与第二课堂课程、锻炼其综合素质的空间。但同时也会使一些同学产生"想提高成绩太难，可以多参加第二课堂课程，既轻松又可以多获得成长积分"的错误想法，因此，为了避免学生在第二课堂选修课程中出现"刷分"的现象，学校规定了每门选修课程的积分上限，即超过相应的积分上限的部分将不用作毕业线，而是记入学生综合测评当中。例如，劳育平台中选修"无偿献血"课程，一次可得劳育平台选修积分6分，如果一名学生在一学年内献血两次，那么他可得劳育选修12

分，学校规定劳育选修平台本科生只需修够 5 分即可毕业，那么他只需献一次血就可达到要求，多出的 6 分将用于该生的综合测评当中。同理，若一名学生平时不积极参与第二课堂课程，为确保其顺利毕业，学校规定了若干选修活动，例如，德育平台选修本科生需修满 5 个积分，为了提供这 5 个积分，学校开设了升旗仪式、主题党团日、班会、参观、党团校培等多门选修课程，该生只需在其中选择自己感兴趣的课程上课即可达到要求，只不过较有盈余积分的学生来说其可用于综合测评的积分就会相应减少。

1. 德育平台

德育必修活动包括入学教育、毕业教育、心理团体辅导、国防教育主题活动、梦想中国、品味经典、沟通达人主题活动、图书阅读、知校史大讲堂、网络安全微课、安全技能培训。这里以"入学教育"为例简要说明。

入学教育是德育必修的第一项课程，要求新入学的学生在第一学期内修完，拿到 3 个成长积分，如果因故未能修满，将在第二年跟随下届学生继续学习。为了对学院近 400 名新生保质保量地做好入学教育，学生处团委联合了各系部开展了多次的讲座，包括：①新生入学须知；②学长学姐带你参观校园；③各系专业教育；④考研、就业知识分享。这四门课程分别在开学的前八周利用周五下午或晚上开展，确保每一名新生都可以选择至少一门课程，如果有学生多选，也按照 3 个成长积分发放。

德育平台选修活动可选的课程较多，包含了升旗仪式、主题党团日、班会、参观、党团校培训或其他类似活动，在院级党团学生组织、年级、班级、宿舍等任职，参加校院德育类社团。这里选取比较有代表性的"党团校培训"进行说明。

党团校培训分为党校、团校两类，每学期各一次，一学年共四次。团校主要针对学院团员，每年在 5 月份和 11 月份举办，参加过团校的团员才有资格参与团支部内推优，推优成功的同学经所在党支部讨论有机会被列为入党积极分子。党课又称发展对象培训班，是给满足发展条件的入党积极分子所安排的线下培训。一次培训分为四期讲授课和一期研讨课，授课教师由学院党委书记、主管学生工作副书记、学生处处长担任，四期全勤且考试通过后即可顺利结业并拿到德育选修 5 个成长积分。

2. 智育平台

智育必修课程有两类：学术讲座、创新创业类活动。学术讲座包括校院各单位组织开展的学术大讲堂、创新大讲堂、创业大讲堂等高水平学术讲座，聆听讲座，每学时获得 0.5 学分，须累计修满 5 学分。这里介绍"参与科技类活动及获奖"课程。

为了能够满足学生的智育选修课程，学院四个系部，工程与艺术系、生物医药系、资源管理系和食品科学系各开设一门科技类活动，分别为"风筝节""慧眼识药""人力资源大赛""食品营养安全知识竞赛"。每个系的科技活动一般一年一次，参与人员以本系学生为主，不局限于系内部，经常会有跨系甚至跨学院的同学参与其中。

3. 体育平台

体育平台必修活动全校都是统一标准，即本科生须在第一、第二学年参加校园健康跑步。每学期须完成跑步 48 天，方可获得 10 个成长积分，专升本学生需在第一学年参加校园健康跑步，方可获得 5 个成长积分。

体育平台选修活动包括"参与体育类活动及获奖""参加校院体育类社团"。为了保障体育类活动的顺利开展，学院学生处团委联合体育组举办了丰富多彩的体育赛事。其中，体育组负责举办专业的球类、竞技类比赛，如足球赛、篮球赛、羽毛球赛、田径运动会等；团委则负责举办大型多人参与的趣味运动会，项目包括跳绳、螃蟹背瓜、起立卧倒和拔河等活动。学院规定，凡是参与其中的同学都可以获得体育选修类成长积分 1 分，获奖的团队或个人参照通用标准可得 1—5 分的成长积分。

4. 美育平台

学校对美育平台必修活动没有规定，由学院自主进行安排。我院采用的是让新生加入一个美育类的金牌社团，参加满一学年的社团活动即可获得相应的 10 个成长积分。目前我院有陶艺社、国学社、文学社、国标舞社、音乐社、美术社、书法社和摄影社供学生选择。在成立美育金牌社团的过程中，学院对其提出了一定的要求：要求社团在学年初提交该社团的建设目标、培养目标和对学生的学年量化考核目标。学院规定了学生参与"艺术体验类活动"。另外，如果学生因各种原因未能参加社团活动，学院也提供其他方式供学生选择，即要求学生在这一学年中参加 16 次艺术类活动，包括参观博物馆、艺术馆、美术馆、音乐会、建筑展等。学年末以参观的票据为准认定相同积分。

美育平台选修活动对有艺术特长的同学，可以依据自己的相关领域获奖情况认定积分，其他同学可以参加非金牌社团的其余社团，也可以认定相应积分。

5. 劳育平台

劳育平台必修包括两门课程：志愿服务和公益劳动，志愿服务为校团委统一安排，公益劳动为校学生处统一安排。

劳育平台选修活动包括两门课程，一门为爱校劳动，一门为无偿献血。爱校劳动为学院自主安排，学院规定每周五下午为爱校劳动日，后勤保卫部提供学生相应的劳动岗位和劳动用具，岗位会提前两天发布到到梦空间系统中，感兴趣的同学可以根据自己的时间报名参加，每参加一个半小时的劳动，可获得劳动选修积分 2.5 分，即每名同学在一学年中参加两次爱校劳动，就能获得 5 个成长积分。

表3-3　北京联合大学生物化学工程学院第二课堂课程（活动）一览表

平台	课程类别及课程名称	课程代码	开课部门	授课对象	学分	第二课堂成长积分	课程性质	开课学期	备注
思想成长类 德育平台	入学教育	DSXCZA001B	校学生处	全体学生	0.6	3		1	包含生命教育、安全教育、禁毒防艾、学籍管理、学生日常规范管理、图书馆入馆教育等模块。
	毕业教育	DSXCZA002B	校学生处	全体学生	0.2	1		8	
	心理团体辅导	DSXCZA003B	校学生处	全体学生	0.2	1		1—2	
	国防教育主题活动	DSXCZA004B	校学生处	全体学生	0.2	1		1—8	
	"梦想中国"主题活动	DSXCZA005B	校学生处	全体学生	0.4	2	必修	1—6	
	"品味经典"主题活动	DSXCZA006B	校图书馆	全体学生	0.4	2		1—6	
	"沟通达人"主题活动	DSXCZA007B	校学生处	全体学生	0.4	2		1—6	
	图书阅读	DSXCZA008B	校图书馆	全体学生	0.6	3		1—6	每学年在图书馆借阅图书25册，同时提交1篇800字以上读书笔记，经检查合格，获得0.2学分。须累计修满0.6学分。
	"知校史"大讲堂	DSXCZA009B	校档案（校史）馆	全体学生	0.2	1		1	
	网络安全微课	DSXCZA010B	校保卫处	全体学生	0.6	3		1—6	
	安全技能培训	DSXCZA011B	校保卫处	全体学生	0.2	1		1	
小计					4	20			

续表

平台		课程类别及课程名称	课程代码	开课部门	授课对象	学分	第二课堂成长积分	课程性质	开课学期	备注
德育平台	思想成长类	升旗仪式、主题党团日、班会、参观、党团校培训或其他类似活动	DSXCZE012X	全院各单位	全体学生	1	5		1—8	参照《学生第二课堂积分认定标准》。
		在院级党团、学生组织、年级、班级、宿舍等任职	DSXCZE013X	院学生处、团委	全体学生	1	5		2—8	参照《学生第二课堂积分认定标准》。
		参加校院德育类社团	DSXCZE014X	校院团委	全体学生	1	5		1—6	须参满一学年的社团活动。
		小计(每个学生应选修的最低学分)				1	5			
智育平台	创新创业实践类	学术讲座	ZCXCYA001B	全校各单位	全体学生	1	5	必修	1—8	包括校院各单位组织开展的学术大讲堂、创新大讲堂、创业大讲堂等高水平学术讲座,聆听大讲座,每学时获得0.1学分,须累计修满1学分。
		创新创业类活动	ZCXCYA002B	创新创业与成果转化中心	全体学生	1	5	必修	4	
		小计				2	10			
		"致用杯"大学生创新创业竞赛	ZCXCYA003X	校教务处、校学生处、校团委	全体学生	1	5	选修	1,3,5,7	参照《学生第二课堂积分认定标准》。
		职业发展主题活动	ZCXCYA004X	校学生处	全体学生	1	5	选修	1—6	参加一次获得0.2学分。

续表

平台		课程类别及课程名称	课程代码	开课部门	授课对象	学分	第二课堂成长积分	课程性质	开课学期	备注
智育平台	创新创业实践类	参与科技类活动及获奖	ZCXCYE005X	全校各单位	全体学生	1	5	选修	1—8	参照《学生第二课堂积分认定标准》。
		参加校院学术类社团	ZCXCYE006X	校院团委	全体学生	2	10		1—6	须参加满一学年的社团活动。
		参与校院组织安排的挂职锻炼	ZCXCYE007X	全院各单位	全体学生	2	10		1—8	参照《学生第二课堂积分认定标准》。
		学术成果类（发表文章、专著，获得专利等）	ZCXCYE008X	全校各单位	全体学生	2	10		1—8	参照《学生第二课堂积分认定标准》。
		取得各类资格证书（外语、语言文字类、计算机技能、驾驶技能类等）	ZCXCYE009X	全校各单位	全体学生	2	10		1—8	参照《学生第二课堂积分认定标准》。
		参与交流访学	ZCXCYE010X	院外事办公室	全体学生	2	10		1—8	参照《学生第二课堂积分认定标准》。
		自主创业	ZCXCYE011X	创新创业与成果转化中心	全体学生	2	10		1—8	参照《学生第二课堂积分认定标准》。
	小计（每个学生应选修的最低学分）					4	20			
体育平台	体育类	校园健康跑步	TTYJSA001B	校体育部、校团委、校学生处、校信息网络中心	全体学生	2	10	必修	1—4	须在第一、第二学年参加校园健康跑步，每学期须完成跑步48天，可获得0.5学分。具体要求参见学校相关通知。
	小计					2	10			

续表

平台	课程类别及课程名称	课程代码	开课部门	授课对象	学分	第二课堂成长积分	课程性质	开课学期	备注
体育平台	体育类 参与体育类活动及获奖	TTYJSE002X	全校各单位	全体学生	1	5	选修	1—8	参照《学生第二课堂积分认定标准》。
	参加校院体育类社团	TTYJSE003X	校院团委	全体学生	1	5	选修	1—6	须参加满一学年的社团活动。
	小计(每个学生应选修的最低学分)				1	5			
美育平台	艺术类 参加校院艺术类金牌社团、艺术体验活动	MWHYSE001B	院团委	全体学生	2	10	必修	1—6	须参加满一学年的社团活动；凡未参加金牌社团，需在一学年内累计参加、鉴赏16次艺术类活动。
	小计				2	10			
	参与文艺类活动及获奖	MWHYSE002X	院学生处、团委	全体学生	1	5	选修	1—6	参照《学生第二课堂积分认定标准》。
	参加校院艺术类社团	MWHYSE003X	校院团委	全体学生	1	5	选修	1—6	须参加满一学年的社团活动。
	小计(每个学生应选修的最低学分)				1	5			
劳育平台	志愿公益类 志愿服务	LZYGYA001B	校团委	全体学生	1	5	必修	1—2	须在第一学年累计完成22个校内外志愿服务工时。
	公益劳动	LZYGYA002B	校学生处	全体学生	1	5	必修	1—6	须在第一学年至第三学年期间，累计完成24学时的公益劳动。
	小计				2	10			

续表

平台	课程类别及课程名称	课程代码	开课部门	授课对象	学分	第二课堂成长积分	课程性质	开课学期	备注
劳育平台 志愿公益类	参与爱校劳动	LZYGYE003X	院后勤、学生处、团委	全体学生	1	5	选修	1—8	参加一次获得0.2学分。
	无偿献血	LZYGYE004X	学生处	全体学生	1	5	选修	1—8	参照《学生第二课堂积分认定标准》。
小计（每个学生应选修的最低学分）					1	5			
合计					20	100			

表3-4　北京联合大学生物化学工程学院第二课堂课程（活动）一览表（专升本）

平台	课程类别及课程名称	课程代码	开课部门	授课对象	学分	第二课堂成长积分	课程性质	开课学期	备注
德育平台 思想成长类	入学教育	DSXCZA001B	校学生处	全体学生	0.2	1	必修	1	包含生命教育、安全教育、禁毒防艾、学籍管理、图书馆入馆教育等模块。
	毕业教育	DSXCZA002B	校学生处	全体学生	0.2	1	必修	4	
	心理团体辅导	DSXCZA003B	校学生处	全体学生	0.2	1		1—2	

续表

平台		课程类别及课程名称	课程代码	开课部门	授课对象	学分	第二课堂成长积分	课程性质	开课学期	备注
德育平台	思想成长类	国防教育主题活动	DSXCZA004B	校学生处	全体学生	0.2	1		1—4	
		"梦想中国"主题活动	DSXCZA005B	校学生处	全体学生	0.2	1		1—2	
		"品味经典"主题活动	DSXCZA006B	校图书馆	全体学生	0.2	1		1—2	
		"沟通达人"主题活动	DSXCZA007B	校学生处	全体学生	0.2	1		1—2	
		图书阅读	DSXCZA008B	校图书馆	全体学生	0.2	1		1—2	每学年在图书馆借阅图书25册，同时提交1篇800字以上读书笔记，经检查合格，获得0.2学分。
		"知校史"大讲堂	DSXCZA009B	校档案（校史）馆	全体学生	0.2	1		1	
		安全技能培训	DSXCZA010B	校保卫处	全体学生	0.2	1		1	
		小计				2	10			
		升旗仪式、主题党团日、班会、参观、党团校培训或其他类似活动	DSXCZE011X	全院各单位	全体学生	1	5	选修	1—4	参照《学生第二课堂积分认定标准》。
		在院级党团学生组织、年级、班级、宿舍等任职	DSXCZE012X	院学生处、团委	全体学生	1	5		2—4	参照《学生第二课堂积分认定标准》。
		参加校院德育类社团	DSXCZE013X	院团委	全体学生	1	5		1—3	须参加满一学期的社团活动。
		小计（每个学生应选修的最低学分）				2	10			

续表

平台	课程类别及课程名称	课程代码	开课部门	授课对象	学分	第二课堂成长积分	课程性质	开课学期	备注
	学术讲座	ZCXCYA001B	全院各单位	全体学生	1	5	必修	1—4	包括校院各单位组织开展的学术大讲堂、创新大讲堂、创业大讲堂等高水平学术讲座，聆听讲座，每学时获得0.1学分，须累计修满1学分。
	小计				1	5			
创新创业实践类 智育平台	"致用杯"大学生创新创业竞赛	ZCXCYE002X	校教务处、校学生处、校团委	全体学生	1	5	选修	1—3	参照《学生第二课堂积分认定标准》。
	参与科技类活动及获奖	ZCXCYE003X	全校各单位	全体学生	1	5		1—4	参照《学生第二课堂积分认定标准》。
	参加校院学术类社团	ZCXCYE004X	校院团委	全体学生	2	10		1—3	须参加满一学期的社团活动。
	参与校院组织安排的挂职锻炼	ZCXCYE005X	全院各单位	全体学生	2	10		1—4	参照《学生第二课堂积分认定标准》。
	学术成果类（发表文章、专著、获得专利等）	ZCXCYE006X	全校各单位	全体学生	2	10		1—4	参照《学生第二课堂积分认定标准》。
	取得各类资格证书（外语、语言文字类，计算机技能、驾驶技能类等）	ZCXCYE007X	全校各单位	全体学生	2	10		1—4	参照《学生第二课堂积分认定标准》。

续表

平台	课程类别及课程名称	课程代码	开课部门	授课对象	学分	第二课堂成长积分	课程性质	开课学期	备注
智育平台 · 创新创业实践类	参与交流访学	ZCXCYE008X	院外事办公室	全体学生	2	10		1—4	参照《学生第二课堂积分认定标准》。
	自主创业	ZCXCYE009X	创新创业与成果转化中心	全体学生	2	10		1—4	参照《学生第二课堂积分认定标准》。
	小计（每个学生应选修的最低学分）				2	10	必修		
体育平台 · 体育类	校园健康跑步	TTYJSA001B	校体育部、校团委、校学生处、校信息网络中心	全体学生	1	5		1—2	须在第一学年参加校园健康跑步。每学期预完成跑步48天，可获得0.5学分。具体要求参见学校相关通知。
	小计				1	5			
	参与体育类活动及获奖	TTYJSE002X	全校各单位	全体学生	1	5	选修	1—4	参照《学生第二课堂积分认定标准》。
	参加校院体育类、社团类社团	TTYJSE003X	校院团委	全体学生	1	5		1—3	须参加满一学期的社团活动。
	小计（每个学生应选修的最低学分）				0	0			该部分选修学分可用于评奖评优。

续表

平台		课程类别及课程名称	课程代码	开课部门	授课对象	学分	第二课堂成长积分	课程性质	开课学期	备注
美育平台	艺术类	参与文艺类活动及获奖	MWHYSE001B	院团委	全体学生	1	5	必修	1—4	参照《学生第二课堂积分认定标准》。
		参加校院艺术类社团	MWHYSE002X	院团委	全体学生	1	5	选修	1—3	须参加满一学期的社团活动。
		小计（每个学生应选修的最低学分）				0	0			该部分选修学分可用于评奖评优。
劳育平台	志愿公益类	志愿服务	LZYGYA001B	校团委	全体学生	0.5	2.5	必修	1—2	须在第一学年累计完成22个校内外志愿服务工时。
		公益劳动	LZYGYA002B	校学生处	全体学生	0.5	2.5	必修	1—2	须在第一学年累计完成8学时公益劳动。
		参与爱校劳动	LZYGYE003X	院后勤、学生处、团委	全体学生	1	5	选修	1—4	参与一次获得0.2学分。
		无偿献血	LZYGYE004X	学生处	全体学生	1	5	选修	1—4	参照《学生第二课堂积分认定标准》。
		小计（每个学生应选修的最低学分）				0	0			该部分选修学分可用于评奖评优。

三、用好社会课堂大天地

（一）学习成为学生的自觉行为

北京联合大学生物化学工程学院自 2014 年开始全面推行实施完全学分制以来，经过多年的实践和探索，"究竟取得什么样的成效，学分制实行是否会对学生的学业有影响，具有哪些影响"，老师和同学们对这些问题都非常关心，因此我们对学院 2013 级、2014 级和 2015 级学生成绩做了分析。通过分析得出以下结论：

第一，实施完全学分制对学生的学习有明显促进作用。从下图 3-2、3-3和 3-4 2013 级、2014 级、2015 级学生 1—5 学期平均学分绩点可以看出：实施完全学分制的 2014 级和 2015 级的学生成绩高于未实施完全学分制的 2013级学生。这是由于学生在完全学分制下，可以根据自己的兴趣、时间、能力等实际情况进行选课，所上课程是学生自主选择的，极大激发了学生学习的积极性和主动性，从而提升了学生的学习成绩。

第二，在完全学分制下，学生学习效果的差异性较大。从各系的累计平均学分绩点和累计平均学分来看：最高的绩点大于 4，最低的绩点小于 1.5；最多的学分数为 199，最低学分数为 40。这反映出完全学分制下，学生学习效果差异性较大，体现出学生选课的"自由"与学生规划性、自律性能力之间的矛盾。对比于学年学分制下每一学期给定的所修学分，完全学分制下学生们可以根据自身情况自由地选择课程，只要最后达到毕业时所需的最低学分即可。有部分同学在这种相对宽松的选课情况下，由于自身规划能力和自律能力的缺失，在前几个学期所获得的累计学分远低于应获得的学分，造成了在最后一学期时无法顺利毕业。对此类学生，应给予重点关注，在选课时给予指导，帮助这类学生做好规划，以便他们能够顺利毕业。

第三，各专业实施完全学分制的效果存在差异。实施完全学分制的效果因专业的不同而有所差异。以生物化学工程学院为例，工程管理专业、工业设计专业的效果最好，而生物工程专业和制药工程专业效果最差。这可能是由于生物工程和制药工程这两个专业特点是实验课占总课程的比例较多，完全学分制的自主选课的优势在这类课程中得不到充分的展现。所以在实施完全学分制时，也应充分考虑各专业的特点。

通过分析，我们也认识到，当把学习的自主权还给学生后，学生的学习积极性将会极大地提高，学习本身就是学生自己的事，也应是学生自觉自愿的事。是"求学"，而非"求之学"，正所谓"不愤不启，不悱不发"。引导学生自觉学习、自我成长是教育最重要的环节。

1. 三个年级的学期平均学分绩点横向分析

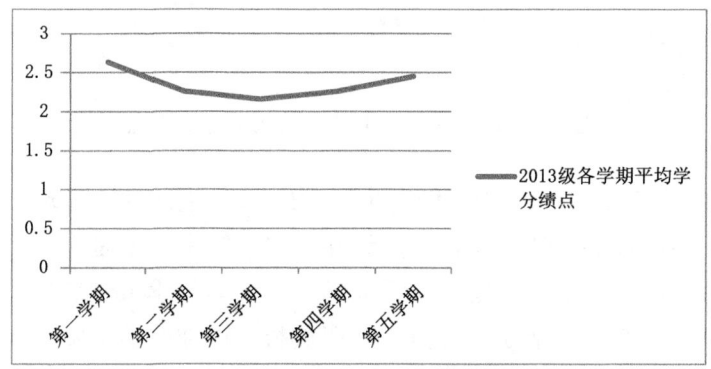

图 3-2　2013 级学生 1—5 学期平均学分绩点

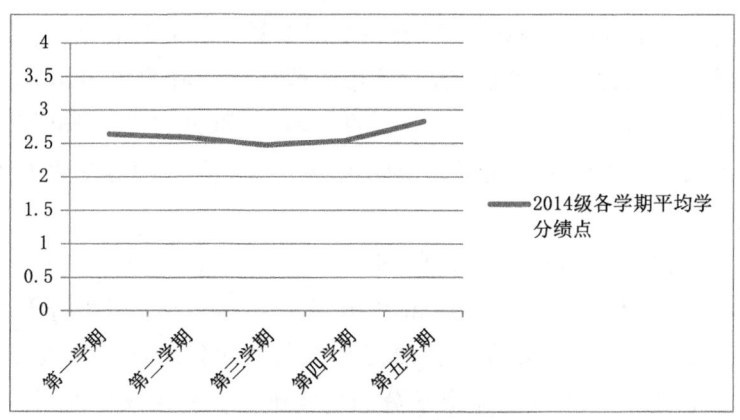

图 3-3　2014 级学生 1—5 学期平均学分绩点

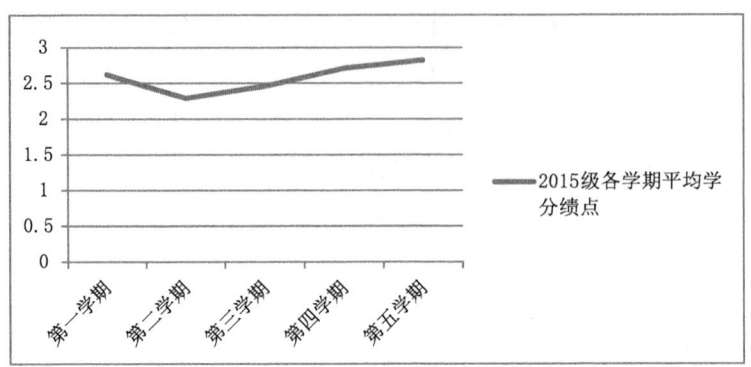

图 3-4　2015 级学生 1—5 学期平均学分绩点

从图 3-2、3-3 和 3-4 中可以看出，2013 级学生的绩点呈现先下降后上升最后再下降的趋势，学生学习的成绩在第二、第三学期是明显下降的，第一学期的成绩高，可以说明新生刚到大学，对大学的学习充满期待，学习的积极性较高，在经过一学期的努力后有所放松，成绩明显下降，在第四学期后，学生的学习成绩明显提高，而在第八学期有所下降（图中未予展示），第八学期只是做毕业设计，说明毕业论文环节并未引起学生的重视；2014 级和 2015 级学生呈现出第二学期相较于第一学期下降，后上升的趋势，这一规律与 2013 级学生类似，只是 2013 级学生该阶段成绩下降得更为明显，而 2014 级学生平均学分绩点曲线最为平缓，说明 2014 级和 2015 级的同学比 2013 级的同学对大学适应得更快，也可以说明辅导员和专业导师对学生的指导方法更为有效。

2. 三个年级平均学分绩点纵向对比分析

取 2013 级、2014 级、2015 级和 2016 级学生 1—5 学期平均学分绩点纵向对比分析。如折线图 3-5 中所示，前五个学期学学分绩点 2014 级和 2015 级明显高于 2013 级，可以说明完全学分制的实施，促进了学生的学习积极性，从而提高了学生的学习成绩。另外三个年级的学习学分平均绩点曲线都是先下降后上升，2015 级上升的幅度明显大于另外两个年级，说明 2015 级学生适应大学的学习要比其他两个年级的学生快，同时这也与老师的指导分不开。

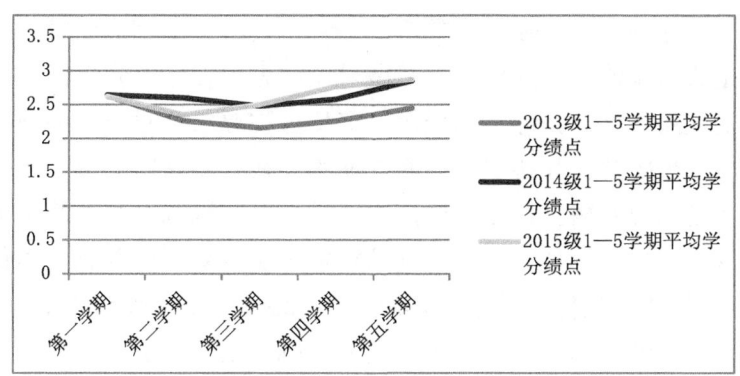

图 3-5　2013 级、2014 级、2015 级学生 1—5 学期平均学分绩点

（二）实践成为学生的自觉行动

在育人的实践中我们发现，把所学应用于实践是学生最大的愿望，也是学生最大的兴趣，学生参与的积极性非常高，这是非常好的教育机会，应借此加以引导，同时也促使我们不断地去拓展实践项目，满足学生实践的需求。因此，学院每年都会开发许多实践项目，尤其是和专业相关的项目，供学生选择，学生也会自觉地投入实践中。下面介绍两个红色"1+1"项目。

1."绿色发展，美丽乡村"实践项目

为了能使绿色理念深入贯彻到京华大地，更好地保护生态环境，北京联合大学生物化学工程学院生物医药系学生党支部和北京市平谷区刘家店镇松棚村党支部开展红色"1+1"共建活动、"绿色发展，美丽乡村"的主题活动，共同推动松棚村无公害大桃产业的发展。支部学生党员深入田间地头，为松棚村桃农讲述植物源农药和复配杀虫杀菌农药技术的特点及使用方法，为桃农解答生产中的各种实际问题，并且为当地桃农讲解网络经营模式，并给予技术上的支持，帮助桃农宣传无公害草药大桃，为当地桃农拓宽大桃的销售渠道。同时，生物工程专业学生党员发挥专业优势，向当地村民普及老年慢性病"三高"（高血压、高血糖、高血脂）的预防和保健知识，从生活和生产两方面尽自己所能给予当地村民帮助。共建活动对学生党员而言，发挥专业特色，尽自己所能把所学知识应用于日常生活中，服务于基层和民生，真正做到了学以致用。

我院葛教授研发的环保高效的植物源农药，对果蔬病虫害防治有明显效果。为了能让这一技术在桃农中更广泛地推广，支部党员和同学们深入村民、深入田间地头做宣传，协助村党支部做村民的思想工作。同学们给桃农讲解植物源农药使用方法，指导田间应用，宣传植物源农药对环境的环保性，一些思想比较先进的党员和桃农开始率先使用，在大家共同的努力下，村民们逐渐接受了植物源农药，在松棚村推广到了一百亩桃园。桃农使用植物源农药之后发现效果非常不错，能够达到防治病虫害的效果，并且成本低、安全可靠。桃农说："自从使用了植物源农药，大桃病虫害得到了有效控制，且无化学农药对土地零侵害，土壤更加有营养，桃子生长得更大，甜度更高，无农药残留的草药大桃受到很多人的青睐。"学生们积极地收集桃农在大桃种植和病虫害防治中遇到的问题，回到实验室和老师们共同研讨解决办法，不断地前往平谷桃园现场指导。通过多方努力，2018年松棚村获批北京市无公害果品生产基地，并获得诚信联盟称号。

依托无公害生产基地，桃农对产品进行了升级，开始卖果品礼盒，提高了产品的附加值。支部党员还帮助桃农设计并制作无公害大桃宣传册，同时，学生们利用自己的特长，积极联系大型电商平台协助村民销售大桃，制作宣传网页在电商平台推送。通过宣传，无农药的大桃使更多人知晓，平谷无农药残留的草药大桃得到畅销，每亩地比原来平均多卖3000元。

通过这次红色"1+1"的共建活动，有效推动了松棚村大桃产业的发展，加快了桃农增收致富的步伐。通过共建活动，学生党员锻炼了组织能力与沟通能力，在基层服务与党性认识方面有所提升，秉承基层党支部、优秀党员的优良传统，提升学生党员深入基层、服务他人、奉献社会的意识，使学生真正践行"学以致用"的校训。通过深入基层，近距离接触群众和党员同志，了解社会情况和民生情况，用自身所学专业知识服务群众，为提高人民生活质量做出了自己的贡献。

2. 让非遗"活"起来

生物化学工程学院工程与艺术系学生党支部和北京市丰台区王佐镇怪村中心党支部开展的红色"1+1"共建活动中，学生党员利用专业优势，通过村校牵手"1+1"，共同保护濒临失传的国家级非物质文化遗产——太平鼓。

该活动自2012年4月启动，至2015年，共建次数80余次，参与师生人数近千人次，取得了较好的效果。共建不仅得到了时任怪村中心村党支部书记杨艳丽、怪村太平鼓传承人吕翠琴、老艺人刘瀛和村民们的肯定，也赢得了镇党委委员李国福的关注。北京交通广播 FM103.9、《中国教育报》、新华网、《北京青年报》《现代教育报》等多家媒体对此项活动进行跟踪报道，共同助力非遗太平鼓产业化发展。

怪村位于北京市丰台区王佐镇的西南部，西南与房山区交界，东接魏各庄村、西王佐村，南与庄户村、北与南宫村相邻，六环路自村中穿村而过，总面积为 553.4 公顷，现有居住人口 3858 人，1330 户。

怪村太平鼓已有两百多年历史，而最初的太平鼓据说可以追溯到唐朝宫廷舞，后来辗转流传到了民间。怪村太平鼓是一种单面鼓，以桑皮纸为面，下坠铁环，形如蒲扇。表演者用竹枝做成的鼓棒敲打鼓面，并伴随着鼓点声变换阵型，随乐起舞。经过逐步演进，中华人民共和国成立后太平鼓的舞蹈风格已与当地健康朴实的农村生活密不可分，常见的有"卧娃娃""推磨""串胡同""摇头跪"等。数十人一同敲起来，鼓声震天铄地，加上鼓点复杂多变，配上轻快灵动的舞步和铿锵悦耳的铁环碰撞声，场面十分欢快热闹。"原生态""接地气"就是怪村太平鼓的标签。但随着传承人年龄的增长，怪村太平鼓面临着后继无人的危机。

通过与怪村党支部成员以及镇领导、老艺人座谈，参观太平鼓表演、深入村民当中调研，学生详细了解了太平鼓的历史渊源，领略了这一民俗的魅力。但是我们也发现太平鼓外观朴素，表演风格继承多、创新少，吸引不了年轻人。艺术设计学生具有绘画、设计等专业特长，经研究决定可以通过改进太平鼓外观设计，吸引青年一代关注，进而使他们深入了解并喜欢上太平鼓，以实现传承。另外，通过舞步套路、服装造型的新设计赋予古老文化新的活力，并且加强媒体舆论的宣传。

学生党员从鼓面设计入手，开发设计周边产品和宣传册，以旅游纪念品等形式结合当地资源，带动怪村的旅游发展，进一步增强怪村太平鼓在民众生活中的影响力。并通过自身的参与学习，将其带到学校宣传等方式让更多的人了解太平鼓这一传统文化。

经过问卷座谈走访等形式的调研，学生党员发现，具体的鼓面设计也要考虑多种因素。太平鼓最早采用羊皮鼓面，造价较高，目前村民使用的主要是桑皮纸糊制，据老艺人说，这样造价低廉，容易普及，声音效果更好，但使用寿命变短了，一般只可以使用一年多。根据这一情况，学生提出绘制生肖鼓面与花卉鼓面的设想。生肖动物图案活泼可爱，更贴近百姓生活，还可以每年都换成当年的生肖图案。牡丹、梅、兰、竹、菊等一些传统的花卉纹样更受老年人和年轻女性的欢迎。

宣传册的内容融入了太平鼓的发展历程。村支部对太平鼓的相关资料收藏保护得较为完整，老艺人演出的照片有彩色扫描件，媒体的相关报道会剪下报纸原件，等等，这些珍贵的资料可以翻阅查看，却难于进行广泛宣传。宣传册的设计可以更好地整合资料信息，既可以作为村务工作中的交流用品，也可以作为旅游纪念册。

周边产品和整体VI（视觉识别系统）应用的设计，则是考虑结合村民生活和旅游开发的实际需求，设计实用性强、便于携带、应用广泛的生活用品。有了明确的目标，支部学生积极思考深入落实，开展了一系列交流活动。

学生党员和入党积极分子，多次深入怪村，并通过QQ、微信等形式与村党支部保持日常沟通交流，学生们利用所学专长，将太平鼓这一元素融入了该支部宣传册、村务公开栏、手提袋等，并协助怪村党支部在鼓面设计、周边产品开发、彩页印制等方面进行了创新。让年轻人从外在的形式到内在的精髓，逐渐了解弘扬太平鼓。

（1）鼓面图案。鼓面设计按标准轮廓画出图样，从新颖可爱的卡通造型到传统精致的凤凰、牡丹，前后已设计出近百张手绘鼓面，形式丰富，风格各异。

（2）周边产品。我们将钥匙链、手机链、太平鼓模型用犀牛、PS等软件更加细致地制作改良，尤其突显上面的图案和其最基本的轮廓，外形接近太平鼓。

（3）手提纸袋。学生做了多版设计、打版，经沟通选中融入了传统太平鼓纹样的设计，进行了印制，现在已经用于日常村务工作当中。

（4）宣传手册。我们将怪村的名字由来、太平鼓的历史和发展历程等都用PS软件将版式做好，制作成册，便于进行交流和宣传。

（5）VI设计。Logo、名片、信封、纸袋、圆珠笔、文化衫、帽子、杯垫、雨伞、刀旗等物品，使用统一的文化标签，做到风格一致。

（6）村支部委员来学校交流。学生们设计的产品很多都应用在了村务工作和村民生活中，怪村村委会对我校师生的努力给予高度评价，村党支部书记带领支部成员，专程来到我院，与师生进一步交流设计宣传思路。

（7）表演舞步造型创新，带动村民文化建设。在学生党员的建议下，村党支部逐步更新太平鼓自身的表演形式，编排了新的舞蹈风格和音乐，为村民们定制了精美的演出服装，使得太平鼓表演的面貌焕然一新，村民对太平鼓的热情进一步提高。村民韩桂琴说："打鼓让自己心情好、身体好了，许多年轻人也参加到这一队伍中来，为太平鼓的弘扬传承打下了基础。"

（8）公演次数增加，带动旅游经济发展。由于怪村地处王佐镇中心地带，周围有南宫温泉、千灵山风景区、青龙湖公园等旅游资源，将对太平鼓项目的包装与再开发，融入这些景区的文化演出中，直接促进了当地旅游业的发展，太平鼓公演场次较三年前增长 4 倍，相关演出收入增加 2 倍。适应了近年来王佐镇旅游投入力度的加大的形势，更有利于当地旅游品牌的打造。

（9）媒体助力宣传，扩大非遗影响。为更好地弘扬非遗文化，学生党支部还邀请媒体记者，对怪村太平鼓进行宣传报道：2013 年 10 月，北京广播电视台交通台交通广播记者马骁骁等一起走访老艺人；2014 年 7 月 20 日，《中国教育报》刊登《北京联大学生推动"非遗"产业化》；2014 年 7 月 27 日，新华网发布《怪村太平鼓的非遗之困》；2014 年 7 月 30 日，《北京青年报》刊登《联大学生牵手丰台怪村 助力非遗太平鼓产业化》；2014 年 8 月 27 日，《现代教育报》刊登《大学生进村助力非遗项目"走出去"》。

媒体的宣传，进一步扩大了太平鼓的知名度，使弘扬这一非物质文化遗产有了更广泛的社会基础。一方面，学生通过自己的努力，为太平鼓的宣传助力；另一方面，学生们利用专业优势、学以致用服务社会的实践形式，也得到了媒体和社会各界的高度肯定。

第四章

导师视角下的育人实践

教书育人是教师的神圣职责，只有把广大教师的育人积极性调动起来，才能真正地实现"三全育人"。广大教师应切实担负起这项职责，潜下心来，用爱、用心去做，育人的成效才能凸显。近年来，随着专业导师制建设的逐步深化，学院涌现出一批优秀导师，他们教书育人的优秀事迹吸引了编者的目光，因此编者对他们进行了访谈，探究他们优秀的秘密。

每当导师们谈起自己的学生和班级，总有说不完的故事和感人的瞬间。在这里，让我们听一听导师用爱与情怀，关心学生日常生活和心理健康，关注学习、科研、就业和个性化成长，并与学生相伴成长的故事。

第一节 "浇花浇根，育人育心"

青少年阶段是人生的"拔节孕穗期"，需要精心引导和栽培。浇花浇根，育人育心，用心浇灌花的根，花朵才能绚丽盛放，绽放美丽光芒；用心滋润人的心灵，才能给人以精神力量，给心灵埋下真善美的种子。没有爱就没有教育，在访谈导师们时，每位导师几乎都谈到对学生们的爱。这份爱是对学生身心健康的关心，是对学生生活的关爱，是对学生个性化成长的关注。有爱的老师能够积极主动地和学生接触，能够包容理解学生的缺点和不足，更能够让学生毫无保留地吐露心声。正所谓"亲其师才能信其道，信其道才能受其教"，教育就是要从用爱育心开始。

一、围绕学生，关心学生身心健康

如何关心学生身心健康？这是摆在每位教育者面前的重要课题。通过对导师的访谈，编者发现，这些导师都是从倾听学生、陪伴学生、督促学生、引导学生四个维度入手，增进学生身心健康，帮助学生悦纳自我。从学生入校到毕业，在短短几年的时间里，导师们开展了一系列高质量的育人活动。

T01 老师是编者访谈的第一位导师，她谈到，作为一个好教师，首先要"懂学生"。了解学生们的性格、背景、特点，在他们遇到问题的时候能够及时伸出援手，帮助他们把状态调整到最好，努力做他们的良师益友。每次开学，无论多忙，她总会和学生单独谈话，了解他们的情况和诉求，必要时还会和家长及时沟通，共同帮助学生成长。T01 老师经常通过微信和学生们谈心，不拘形式，只要看到学生状态不对，就会不厌其烦地和他们聊一聊，通过思想工作，考研学生的压力及时得到疏解，对专业没感情的学生开始产生兴趣，与宿舍同学相处不融洽、无法面对而郁闷的学生能够正确看待和处理同学关系……这一次次的倾听密切了师生关系，同时也促进了学生之间的互帮互助与共同成长。有学生说："我从 T01 老师身上学到了做人、做事的道理，获得了全方位成长，现在要毕业了，非常不舍"。看到学生的成长和变化，T01 老师认为"把时间花在学生身上，是最有意义的事"。

T02 老师说，很多时候，导师是一种陪伴。在学生遇到生活和精神方面的困难、困惑时，尽力及时予以疏导和帮助，不断鼓励学生找到自己的兴趣点，并深入钻研进去。她鼓励大一同学多观察生活，积累和养成"吐槽"的设计师特质。有的同学发现自己喜欢影视制作，T02 老师就帮他们联系影视剪辑制作方面的老师和学长给他们进行相关方面的指导和训练；有的同学喜欢卡通人物绘画，T02 老师鼓励并给他们找到真实的卡通人物形象设计项目进行锻炼。她要求大一到大三的同学都要参与大四同学的毕业设计，这样他们可以较早地接触毕业设计，提升自己的专业水平，同时学习大四同学毕业设计的方法、流程、标准和拼搏精神。她要求学生积极参与校内外各项活动，学会为人民服务，做一个全面乐观、积极向上的联大人。T02 老师坚持每日班群分享，内容丰富多彩，不但包括专业知识帖，还包括各种健康的兴趣爱好，如健身、时尚、美食等相关信息，让学生爱生活爱自己。

T03 老师以自己的诚心、爱心和责任心努力为学生创造学习环境，不断督促学生自觉提升学习能力。如今的学业压力、竞争挑战时刻提醒着我们，学生的心理问题、生活状况也需要细致入微的关心。她的班上有学生性格过于内敛，心理活动较为细腻，在学习、生活上给自己造成了不小的困扰。她尽己所能，通过短信、电话谈心等方式耐心开导，以尽可能柔缓的节奏助其解开心结，参与集体活动，顺利毕业。在担任导师工作中，T03 老师让自己"做学校的代言人、做学院的代言人、做专业的代言人"。通过多种形式，让学生了解自己的学科专业，在学生学习生涯的不同阶段，从专业定位、培养目标、就业领域，到专业课程设置、毕业论文、专业实践，对学生进行全方位的专业指导，并且根据不同学期的具体情况，确定工作重心。她尊重和欣赏学生，努力做学生的知心朋友。她说，做一名让学生满意的导师是她的工作，也是她的追求，学生们未来的成才就是老师最大的骄傲。

T04 老师时刻注意学生在学习期间思想的变化，及时对学生进行引导，在专业上给予建设性的指导意见。对在校期间有参与社会实践愿望的同学，在给予鼓励的同时，积极帮助他们联系对口的实习单位，建议他们利用假期时间参与实践。对学生自己找的实习单位，在专业上予以把关，引导学生合理安排大学生活。例如，一个学生想积累些社会经验，找到一份药品销售的工作，在征询 T04 老师的意见时，她首先询问学生找这样一份工作有没有其他原因，如家庭生活的经济需要等。学生说没有，只是为了增加社会经验，并说明现在找工作，很多单位都要有工作经验的。于是 T04 老师帮学生分析："销售工作与你现在的专业联系并不是很大，而且做起来要消耗大量的时间，现在你还有一门课程没有及格，这时抽出大量的时间去做销售，势必会耽误学业，如果你将来不打算做销售，就更没有必要。如果你打算积累专业方面的经验，我可以介绍假期实习单位，做得好，如果你愿意，毕业后还可以在那里就职。"学生经过思考，欣然接受了 T04 老师的建议。

二、关照学生，关爱学生日常生活

在生物化学工程学院，本科生导师制和以导师为核心的纵向班级早已深入人心，在这样的氛围中，导师们越来越关爱学生、了解学生，在工作中努力做学生的贴心人，离学生近些再近些、与学生亲些再亲些、跟学生熟些再熟些、对学生好些再好些，做到心理一致、情感一致、掌握特点、服务为本。导师引导学生在正确道德认知、自觉道德养成、积极道德实践的基础上明大德、守功德、严私德。并通过日常工作的落细、落小、落实，加强人文关怀和心理疏导，培养学生健康向上的意志品质，服务学生成长发展。

T05 老师从假期接待新生报到开始，通过看档案、学生卡等资料，熟悉学生的家庭情况、学习情况、个人的特长等各方面的信息。通过开班会、陪学生参加会议、体检等活动，熟悉学生的外貌特征、个性特点。通过每一件细节小事，与学生和家长建立信任和友谊，如建筑环境与能源应用工程专业的徐同学，因为体检注射的疫苗过敏，胳膊上起了肿块很害怕，远离家人感觉没有依靠，哭着给父亲打电话。T05 老师了解到情况后，驾车和班级助理一起带徐同学去医院，及时的帮助和安慰让学生的情绪有了很大缓解，家长也不再担心，并打电话向老师表示感谢。中秋节是新生离开家的第一个传统佳节，T05 老师怕学生们想家，给每个学生买月饼、水果，希望能让他们在新的环境里感受到家的温暖，过一个快乐的中秋节。学生经常通过微信或电话向 T05 老师咨询各种事情，有时晚上十一二点，遇到困难也会求助，T05 老师虽然患有神经衰弱，睡眠不好，但是也会耐心地给学生解答。T05 老师常说："学生的信任，是在学生心中树立学校良好形象的好机会，老师心里有学生，将心比心，学生才会喜欢老师，喜欢学校。"

T06 老师注重加强自身道德修养，严于律己，也经常从尊重了解学生入手，关爱学生日常生活，掌握学生特点，努力为学生服务。尊重学生，和学生建立良好的师生关系，从各个方面去关心和了解学生，让学生从内心将老师当作朋友。在以导师为核心的纵向班级中，不同年级的学生心态不同，情况和需求不同。低年级的学生对自己导师的认识和了解及导师的作用还处于懵懂的状态，为了以后更好地开展工作，T06 老师对新生主要采取的是"攻心策略"，利用各种方式经常与他们进行交流，建立良好的师生关系，尊重他们的想法，关心他们的生活和学习。对学生而言，他们既希望有一个负责的导师，在他需要的时候能够帮助到他，同时又希望有自由，导师不过多地介入他们的学习和生活。所以 T06 老师在与学生沟通时，注意把握学生的心理状态，既顾及和尊重他们的想法，同时坚持工作的基本原则和底线。

T07 老师在教育培养家庭经济困难学生这一特殊的群体时有很深的感悟，他认为老师们不仅要落实各项帮扶政策，更要在精神上给予学生力量，鼓舞学生勇于面对困难，懂得诚信和感恩。每个学期 T07 老师都将所有资助政策及时宣传到每一个学生。他首先对学生进行情况摸底，梳理名单形成底册，然后经过学生提交书面申请、班级资助评议小组评议、结果公示、遗留问题处理等环节，确保各类资助公开、公平、公正发放到每一个有需要的学生手中。他定期召集见面会，及时了解学生生活、学习、毕业和就业中遇到的困难，并进行感恩和诚信教育，鼓励学生积极面对人生，通过自己的奋斗和努力战胜困难，帮助学生制定生活和学习的合理规划，引导学生改进学习方法，提高学习效率。他还经常和学生家长进行沟通，家校联合共同促进学生健康成长。T07 老师说，希望学生在将来成功的那天，不要忘记国家、学校、老师以及曾经许许多多帮助过他们的人，在适当的时候能伸出援助之手帮助别人，懂得知恩反哺，方得始终。

T08 老师鼓励并组织学生参与有益于身心健康的体育文艺活动。例如：其一，班级开展了"品诗词·读经典"活动，全体同学一起学习品读了学校出版的《中华传统文化及美德诗词》读本。通过该活动，所有同学都深深地感受到了中华传统文化及美德的博大精深，尤其是传统美德中的好学、爱国、敦亲、感恩、礼仪、自强、友善、廉洁。其二，培养学生的自我完善意识，提高学生的心理素质，培养学生的安全意识。通过微信群和导学系统，提示学生学会自我独立，学会辨识社会问题，注意交友谨慎。每逢节假日前夕，还会召开班会，强调出行安全问题，要求学生出京必须到班委会备案。其三，及时掌握学生的动态，一方面与学生进行面对面的交流，另一方面要求班干部多多关注同学们的言行，及时发现并解决问题。

三、服务学生，助力学生个性化成长

十年来，本科生导师制在生物化学工程学院生根发芽，为了更好地发挥导师在学生成长成才中的核心作用，学院制定和施行了《学生个性化成长手册》，由导师指导学生，根据学生自身的个性化需求，制定有针对性的个性化培养方案和培养目标，为学生的全面发展奠定良好的基础。这一举措不仅使导师的"六导"工作得以量化呈现，而且清晰地记录了学生的成长轨迹，为更加有效开展育人工作提供了保障。

T09 老师根据年级、性格、学习能力和习惯、爱好与特长认真分析每个学生的特点，充分考虑学生的共性和差异性，为不同年级、不同需求的学生提供准确无误的指导，让学生在校园生活中得到切实的帮助，为学生顺利完成

大学生活打下基础。对大一的同学，重点帮助其完成从中学生到大学生的角色转变，尽快适应大学生活，学习好公共基础课，为日后的专业学习打下基础。对大二的同学，则提出处理好学习与社会实践的关系，全面提升自己的能力，而且还特别强调英语学习的重要性。对大三的同学，则特别强调培养专业能力和学习能力，不断拓展自己学习的领域和空间，丰富自己的知识积累，同时为学生创造实习和实践的机会。对大四的学生，则在了解学生对自己未来定位的基础上，帮助他们制定自己的职业规划，提供就业机会，帮助他们学会选择和放弃，为其顺利走上工作岗位打下基础。除了重视年级的差异，T09 老师还充分尊重学生的爱好和特长，支持学生发展自己的业余爱好。例如：张同学获得全国大学生跆拳道女子 B 组 73 公斤级冠军，安同学多次在院辩论赛中取得优异成绩，许同学积极参加志愿活动，是北京地铁青柠志愿服务组织部负责人之一，等等。

T10 老师帮助学业存在困难的学生很有心得，她认为从学业上进行关怀，并与辅导员保持联系，及时掌握学生心理动态，为其组织学习小组，做到每周检查其出勤与学习情况，这些都是行之有效的方法。有一位学生第一学期的绩点仅为 0.6，在 T10 老师及各位任课老师和辅导员的帮助下，该生在第二学期绩点达到 1.8，取得明显效果。从关注这位学生的个人成绩出发，T10 老师将成功经验辐射到班级，最终班级总体平均学分绩点达到 3.0。由于繁重的工作压力，T10 老师常常感到十分疲惫。但是，她说："我在肩膀的酸疼中回望，还是欢喜更多些；我就是特别恳切地想要给我的学生最好的。"这是一名心系学生的导师的真实心声。

T11 老师带过一个连降 2 级的学生，虽然学习成绩不尽如人意，但老师们普遍反映这个学生老实厚道。T11 老师通过多次和学生本人及家长沟通，分析学生的心理和学习状态，发现学生的根源问题是缺乏学习目标和方法。于是将工作重点放在帮助学生重树学习信心上，在学生擅长的方面给予鼓励，教导学生采用有效率的学习方法，同时通过与任课老师的交流及时了解学生的平时学习情况，做到发现问题及时处理。后来该生不但通过所有课程考试，还通过了当地的公务员考试。T11 老师要求班级学生不仅要个人努力学习，还要做到互助学习，鼓励低年级的学生向高年级的学生请教学习经验，鼓励成绩有待提高的学生向学习名列前茅的学生请教学习方法。

T12 老师鼓励学生参加各级竞赛提升其团队意识与知识综合运用能力，积极为学生创造与其他院校的沟通联系机会，鼓励学生"走出去"。他利用导师自身资源，将学生不定期送入重点院校实验室进行参观学习，建筑环境与能源应用工程专业学生参加北京工程勘察设计行业协会举办的暖通空调设计大赛，学生在他的指导下获得第二名、第三名的好成绩；参加"人环奖"大赛和空调制冷大赛并取得良好成绩。一名学生申报北京市教委"交叉培养"项目并通过校级评审。2015 级学生杜晓闯团队获得制冷空调大赛一等奖，参赛学生也分别考取了清华大学和中国科学院大学的研究生。导师在指导学生的过程中不断促进教师的教学和科研，与学生共同成长进步。

T13 老师积极鼓励学有余力的学生参与科学研究，并以实际行动将严谨的科研作风、细致的科研习惯，以及对科研的热爱手把手、潜移默化地传递给学生。从学生文献的查阅、申报材料的撰写、实验方案的设计、实验的准备与开展，再到实验过程中问题的分析、方案的修改、问题的解决，以及一遍又一遍的论文修改、PPT 的试讲，答辩的各个环节都投入了大量的心血，使学生掌握了课题上无法获得的专业技能，帮助学生奠定了扎实的专业基础，提高了动手能力以及分析问题、解决问题的能力，养成了良好的科研素养。T13 老师指导的学生获得"启明星"大学生科技创新项目市级立项 3 次，校级立项 1 次；北京市首届生物学知识竞赛市级三等奖；北京联合大学首届生物学知识竞赛校级二等奖 2 人次，三等奖 2 人次；第二届生物学知识竞赛校级一等奖 2 人次，三等奖 3 人次；首届奇思妙想竞赛校级三等奖多项荣誉。

中国的未来属于青年，青年一代的理想信念、精神状态、综合素质，是一个国家发展活力的重要体现，也是一个国家核心竞争力的重要元素。当代青年要励志勤学，刻苦磨炼，在激情奋斗中绽放青春光芒、健康成长进步。生物化学工程学院的导师们一直努力围绕学生、关注学生、服务学生，助力学生成长，让学生成为德才兼备、全面发展的人才。

第二节 "饮水思源，立德树人"

导师们用心关注学生的学习生活行为，重视学生思想动态和微媒体舆情，贯彻"三全育人"的理念，坚持立德树人，努力培养德智体美劳全面发展的社会主义建设者和接班人。通过规范以导师为核心的纵向班集体管理，提升班级凝聚力，帮助学生制定大学期间的学习计划、选课方案，指导学生掌握科学的学习方法与思维方法。积极指导学生开展课外科技活动和社会实践活动，善于发现和培养优秀拔尖人才，组织优秀的学生成立科研小组或吸收其参与教师的科研项目，帮助学生树立正确的人生奋斗目标和职业规划，促进学生个性化成长。

一、立德树人，强化道德教育和思想引领

T14 老师在每次班会上，都会强调学生的思想品德教育，要求学生坚持党的基本路线，认真学习相关理论，一定要树立正确的人生观和价值观，养成良好的生活习惯。例如：班级举行"使命在肩、奋斗有我"主题班会；班长带领同学观看"抗疫"相关视频，同学们分享自己亲身参与志愿服务或有感于抗疫故事的体验，发表自己的所感所悟。同学们一致认同"社会主义核心价值观是一盏指路明灯，指引我们前进的方向；核心价值是汩汩甘泉，哺育着我们健康成长"。导师还通过班会以及微信群、云班会和导学系统，提醒学生严格遵守国家法规和学校的各项规章制度，遵守社会公德和大学生行为规范。对思想政治上追求先进的学生，鼓励他们积极向党组织靠拢，提交入党申请书，争取加入中国共产党。

T15 老师在日常指导中注意将学生的德育教育与专业教育相结合，带领学生为残障人士和老年人等特殊人群设计专用器材，带领学生到公益机构参加助残培训，深入残疾人家庭进行走访调研，指导"2017 启明星本科生科技立项"项目《融合教育背景下校园无障碍建设的现状调查及设计完善》和《盲童触摸书设计》，让学生在公益活动中锻炼专业能力。他指导梅艳玲等同学为中国盲文图书馆和中国盲文出版社进行"盲童触摸书"的设计制作，完成了中国第一本"盲童触摸书"。教师所带的触摸书设计团队在 2017 年 2 月被评为中国盲文图书馆"文化助盲星级团队"。基于"盲童触摸书"项目的创新创业作品《触摸光明》于 2017 年 6 月获得北京联合大学"互联网+大学生创新创业大赛"一等奖，并于 2017 年 7 月入选中国"互联网+"大学生创新创业大赛北京赛区总决赛。

二、凝聚力量，加强班级制度与文化建设

纵向班是以导师为核心组建的由同一专业大一至大四学生组成的纵向班集体的简称。在传统的本科生导师制中，导师的工作对象主要是学生个体，而在纵向班级管理模式下，导师的工作不仅是面向学生个体的指导，还要保障班级的有效运转，利用导师和朋辈引领共同发挥作用，让班级更好地促进学生成长和发展。在学院统一的纵向班级管理办法的宏观指导下，导师们各有心得，不仅有爱，更有方法，在班级建设中不断挖掘发展出各自的班级特色，形成了富有个性的班级文化和制度。

文化建设是纵向班的建设根本，体现的是团队的灵魂与气质。蔡红老师指导的工管红运班从建班初始就创建了自己的班旗、班徽、班歌，凝练了"又红又专，友爱有为"的班训，并逐年完善了严格的班级制度。班级建设整体水平不断提高。建成了一个思想积极上进、学习氛围浓厚、文艺活动多姿多彩、特色鲜明的班集体。工管红运班坚持每月一次的例会以及期初与期末的主题班会，增强了学生的团队归属感与凝聚力。蔡老师一向主张"大工管"理念，在力所能及的情况下，红运班的每次集体活动，都有其他班级的同学参与，学生之间懂得分享和互助。这在更高的层面上培养了学生海纳百川的格局和开阔的胸襟。

T16 老师注重纵向班组织架构建设，班委会、团支部各司其职、互相监督，共同为班级建设作出贡献。做好班级群建设，为方便开展工作，设立在校群、全体学生群、各年级群，营造积极向上的班级文化。她把人力求实班的班训"敢于仰望星空，不忘脚踏实地"制作成挂坠，让每一位纵向班同学随身携带，倡导身体力行。导师班经常开展丰富多彩的班级展示活动，如迎新会、班级生日会、图书共享、书法比赛、四六级辅导、公务员考试咨询等，努力将"立德树人"贯穿高校教育教学全过程和学生成长成才全过程。

T17 老师充分发挥学长优势，调动学生的积极性，创建良好的纵向班团队文化氛围，增强学生的团队归属感和认同感。她在导师纵向团队建设中，非常熟悉每个学生的优势和特点，并合理分配角色，使团队成员优势互补，整个团队展现出积极向上的精神风貌。充分调动每个同学的积极性，使整个团队的氛围更加团结、和谐、进步。团队中的学长用心对低年级同学进行指导

和帮助，以他们自己的成功经验和失败教训来帮助学弟学妹更好地融入完全学分制下的学习生活。

T18 老师坚持做好学生组织建设工作，以保证导师工作顺利进行。本科生导师制小组学生学习生活的时间、空间分散，不利于管理，为加强组织建设工作，T18 老师在各小组选拔小组长协助导师开展工作，适时进行德育教育，培养小组长的服务意识，同时不定期召开小组长碰头会，小组长把自己的所想所得认真进行交流讨论，对好的做法大力提倡、推广，对不合适的做法坚决予以制止、否定，T18 老师虚心听取他们的意见和建议，适时调整工作思路。小组制有利于加强学生之间的交流，增进师生之间的了解，保证导师工作的顺利开展。

T19 老师认为一个优秀的班集体需要全班学生的共同参与，其中班干部的配合尤为重要。在班干部的培养上，主要采取以下措施：一是在生活和学习中多与学生交流，了解学生的兴趣爱好。在与学生的日常交往中，分析和了解他们的性格特征，对他们的沟通能力、办事效率等各个方面做出一个整体的评价，对积极认真、埋头肯干、热情奔放并具有一定组织能力、威信度高的学生给予充分的重视，通过确立班级负责人的形式，把他们锻炼为优秀的班委成员。经过一段时间的了解后，对原有的班委进行精心组织与调整。二是老师要善于把问题摆在学生面前，引导学生出主意、想办法，这样既能增强学生的参与意识与解决问题的能力，又达到能理解、执行老师规划的目标。在开展班级管理工作的时候，要厘清"具体的指导和放手工作"的关系，鼓励他们发挥创造性，放手让他们独立开展工作，把为同学们服务的理念融入他们的工作中。从取得的效果来看，一支团结的班干队伍，在协助老师开展日常工作、促进良好班风建设方面具有极大的作用。三是让学生自主管理，学生相互之间是处于同一层面的人，对问题的理解会更接近，因而他们更容易沟通。班主任尽可能减政放权，把班级管理看作学生们自己的事情，不是班主任的事情，从组织结构的设计到职责权限的划分，从活动的组织者到学生干部的教育，都应渗透这一思想。通过班级管理这一活动，培养学生自主管理的能力。学生的年龄特征决定了他们成长过程中必然会出现大大小小的问题，老师要做的并不是简单地堵漏洞、死死盯住学生，随时以组织纪律管束之，而应当是做细致的疏导。在班级管理中要形成宽松的环境，创设和谐的氛围，以此熏陶和感染学生。

三、关注学业，提升科研创新和实践意识

导师是融思想、知识、专业和人生阅历为一体的教师，承担着教书和育人的双重职责，以学业指导为主线，指导学生学习、科研、专业实践，培养学生科学素养和文化素质，核心是解决学生"学什么，怎么学"的问题。

T20 老师重视对学生的学术培养，在专业导论课上就为一年级学生制定就业目标及四年的学业规划、学术规划，连同第二课堂指导学生认真填写《学生个性化成长手册》，学生做好每学期选课和学年总结，以及第二课堂活动记录与心得。在导研方面，为了提高学生的科学素养，导师班内建立了"老中青"相结合的启明星申报制度，每年轮换，由高年级同学带领低年级同学申报各级启明星科技项目，在校的非毕业班同学全部参与了启明星项目，成功申报国家级、市级多个科技项目。还组队参加了学校组织的"致用杯"创新大赛，并进入校级决赛。指导学生参加 2019 年全国高等院校首届"绿色建筑设计"技能大赛，最终进入决赛，并获得人气奖和优胜奖。T20 老师还指导了工程管理专业的学生社团组织"奇点 BIM 协会"，借助"BIM 智慧建造及云技术研究室"，指导学生参与 BIM（建筑信息模型）课题及竞赛，提高了学生参与科研的积极性。T20 老师热爱教学，辛劳勤恳，教学有质量、有成效，在专业课程中积极推进课程思政建设，挖掘了创新精神、职业道德、工程素养三个核心思想政治教育元素。通过将 BIM 技术融入课程，培养学生的创新精神；通过案例教学，培养学生诚实守信、遵守工程规范的职业道德；通过采用团队角色扮演教学，培养学生严谨、科学、团队协同的工程素养。

T21 老师时刻强调学习，传递成绩优秀是一种重要能力的理念，她关注学分总绩点排名靠后的学生、英语困难生和旷课生，并有针对性地做工作，促进班级学生绩点的提升，英语四六级通过率整体提高。她还注重学生的沟通表达能力的培养，给"不敢、不会、没重点、PPT 差"的学生，一对一、一对多辅导、做示范、事后总结评估，学生由原先开场两分钟说不出话到不怯场、敢于开口，并学会了讲故事的逻辑，能抓住表达重点，PPT 越做越到位，促进他们个性化成长发展。她注重理论联系实际，加强教学研究，不断进行教学方式方法的创新，在专业教学中探索并开展了网络课堂教学、社会实践

教学、专业课程软件教学、专业热点前沿教学、横向科研项目参与教学等方式方法，激发学生的求知欲，培养学生发现问题、分析问题和解决问题的能力与意识。她指导学生参与申报国家级、市级科研项目如"启明星""挑战杯"创业计划大赛等，并完成了多个项目。在 T21 老师的带领下，人力昕阳班荣获北京市优秀班集体、活力团支部等称号。班级学生获得首都大学生课外科技竞赛北京市三等奖、校级特等奖，启明星国家级、市级、校级科技立项，北京市优秀毕业论文等荣誉。班级学生在她的教导下，积极参与无偿献血等社会公益活动。

　　T22 老师根据不同学生所在的年级特点和需求对学生进行分类指导，对大一学生重点进行专业教育，让学生更加热爱专业，不放松公共课程的学习和专业基础课的学习，同时鼓励他们积极参与学长们的科技活动。对大二学生的重点是进行专业核心课程的学习指导，督促学生准备英语四六级考试，指导学生根据未来规划进行通识类选修课的选课。对大三学生的工作重点是指导学生根据未来规划进行专业选修课的选课，对确定考研或出国留学的学生提供相关专业招生院校的信息，帮助学生打开报考思路。对大四学生的工作重点是进行毕业设计与就业、升学工作的指导，为准备就业的学生提供就业信息，为考研的学生提供院校招生信息，帮助学生积极准备升学深造考试。作为专业教师，T22 老师重视学生的专业学习和专业水平的提高，不定期检查学生的专业课程学习情况和课外自学内容的进度，根据每个学生的不同情况和特点给出专业学习建议。

　　T23 老师具有强烈的事业心和责任感，在科学研究中治学严谨、注重基础、精益求精。她主要从事天然药物分离纯化工艺研究以及缓释药物剂型、脑靶向制剂研究以及利用同步辐射技术进行卤素污染物的种态、来源及其生物效应等方面的研究。她利用自己在科学研究方面的优势，积极指导学生参加各类科技创新大赛，培养学生科技创新和科研能力。她指导学生参加大学生"挑战杯"赛、全国节能减排科技竞赛，并取得了优异的成绩。通过指导学生参加各类科技创新竞赛，激发了他们参与科研和主动学习的热情，取得了很好的成效，学生的科研水平得到了很大提高，T23 老师指导学生发表的多篇文章被 SCI 期刊收录。

　　T24 老师重视以科技项目为契机，指导学生开展科研活动，培养学生科研

能力、科学精神和创新意识。例如，在北京联合大学“启明星”大学生科技创新项目申报之前，让申报成功的学生介绍经验，组织相关年级学生进行题目的筛选。在项目实施过程中，从调查问卷设计、资料收集、数据分析等多方面提供细致指导，最终帮助学生顺利完成项目。同时，指导学生在专业杂志上发表多篇科研论文，提升了学生的科研能力。

在导学导研的工作中，很多导师都是以自己的课题为依托，对本科生进行基本的科研训练，如资料调研、报告撰写、PPT 汇报、软件使用等，让本科生进入导师的研究项目中，提升学生写作表达能力与动手能力，经过培训与经常性的练习，学生在各个课堂的汇报和活动中均有出色表现。

四、促进就业，指导职业规划，树立就业观

大学四年级的毕业生面临就业，在指导学生进行职业生涯规划设计过程中，很多导师做了大量细致入微且有针对性的工作。一方面，导师帮助学生客观分析自己的职业兴趣、职业能力、职业价值观、个性特征等，了解自己喜欢干什么，能够干什么，适合干什么，最看重什么，人与岗是否匹配，以此作为设定职业生涯目标和策略的基础，使学生做出准确的职业定位。另一方面，通过多种途径，让学生尽可能获取目标行业、目标职业、目标企业的相关资讯，结合自己的专业情况、就业机会、职业选择、家庭环境、社会需求等因素，理性评估就业机会，以此作为设定自己职业目标的基础，并在实践过程中不断优化职业目标。

T25 老师的经验是主要从以下五点来指导学生就业工作的：一是掌握最新就业政策，及时向学生宣传国家、社会、学校的就业政策、就业信息、就业程序等。二是将实际工作案例融入日常的教学过程之中，一方面能增加学生对专业职业的理解，另一方面能启发学生的职业梦想。三是及早指导学生制定科学的职业生涯规划，帮助学生了解职业的相关技能要求，逐步培养他们的求职能力。四是收集就业信息，指导学生针对性地修改简历、模拟面试，帮助他们顺利走入社会。五是注意疏导大学生求职过程中的心理压力和困惑，帮助他们解决求职过程中的具体困难，并及时调查大学生就业后的发展情况。

T26 老师在指导学生制定学业规划过程中，除了组织读书会、英语学习交流会、实习经验交流会、团队拓展等活动，还在每周固定的时间和学生分别

进行一对一的深入交流。她帮助每个学生客观地剖析自己，对个人性格、爱好、特长和弱点做出客观的分析和评价，作为制订学业目标和计划的依据。针对学生自身特点和自身发展需求，针对大学不同阶段的特点，围绕在校学习、生活以及未来工作等因素，从思想政治与道德素养、课程学习与专业技能、英语与计算机水平、社会实践与创新创业、专长与体能、升学与求职等全方位着眼，帮助学生设计四年学业的总目标，以及每学年具体可行的分目标，完成学业规划的制定。

T27 老师注重对学生的专业未来就业方向提供指导，帮助学生设计职业生涯。在担任导师之初，就与学生说明就业工作的几种主要途径，使学生树立正确的择业观，帮助学生进行职业生涯设计。同时以严谨的治学态度、优良的职业道德为目标指导教育学生。在学生专业学习和就业工作中，积极利用自己的社会关系，为学生提供就业和实习锻炼机会，对毕业年级的学生，督促他们就业。T27 老师说，通过对学生的指导，自己对导师工作的认识和热情也在与学生的共处中得到加强，在教育学生的同时，也提高了自身的能力和素养，同时也认识到自己工作中存在的一些不足，之后自己要更加努力，更深、更细地将导师工作做好。

T28 老师在就业工作中有自己的方法。她注重做好学生的就业指导，组织招聘会促进学生的就业，尽可能早准备，早做工作。在学生进行岗位实习时，她和教研室的老师组织十余家企业到学校进行招聘，并对学生进行比较详细的指导，使学生的实习和就业挂钩，实现实习与就业的良性对接。同时加强对学生的专业指导，并通过学生和企业的互相介绍，全方位了解学生和企业的需求。对以就业为目的的同学，帮助他们对未来的就业形势加以分析，并动员学生与家长进行沟通，积极促进学生的就业。对毕业班的同学在第一学期就提醒实习和就业要综合考虑，两手准备，令学生提前做好心理准备，并督促学生对第二学期的学习进行合理安排，同时加强学生的职业教育，提高学生的信心，对未来所遇到的困难予以充分预估。鼓励他们丰富自己，不轻言放弃，提高他们的自信心。

T29 老师注重对学生个人成长的规划，帮助学生完成从校园生活到社会生活的转变。在对学生的培养和教育中，注重对学生未来职业发展的设计，助力学生从校园生活到社会生活的转变。在工作中，关注学生的发展方向，与学生一起为自己的未来初步定位。从大三开始，全面了解学生对自己未来的设计和定位，对学生的不同需求给予不同指导。对考研的同学，在报考专业和院校时给予意见和指导，在学生遇到各种困难时及时帮助解决，使其能全身心地投入备考中。对准备去国外留学的同学，能够从往届同学的经验中帮助他们获取有益的信息并解决相关困难。对准备就业的同学，则充分利用各种资源，为他们的顺利就业提供帮助和支持。经过耐心细致的工作，几年来学生签约率接近100%。

育人工作从根本上说是做人的工作，导师团队从把握心理规律、认识规律、思想规律、行为规律、成长规律入手，不断提高学生思想水平、政治觉悟、道德品质、文化素养，让学生成为德才兼备、全面发展的人才。通过各项工作的落细、落小、落实，服务学生成长，加强人文关怀和心理疏导，培养学生健康向上的心理意志。"青年是国家的未来、民族的希望。青年兴则民族兴，青年强则国家强。"导师用自己实际行动引导学生求知问学，奋斗逐梦。正如T29老师所说："在几年的导师工作中，我深深地感受到导师工作是一项极其重要的工作，其重要意义在于导师不仅是人才培育者，更是学生成长过程中的良师益友和引路人，我要更加努力地投身到这项工作中，助力学生的全面成长"。

第三节 "知行合一，教学相长"

学院把本科生导师制和纵向班建设作为落实立德树人重要任务的有效载体，增强了师德师风建设的内生动力。"教育者先受教育"调动了导师提升师德修养的内在积极性，提升了落实"四有好老师""四个引路人""四个相统一"等要求的思想自觉和行动自觉。导师通过言传身教，在指导学生严谨学习、诚信做人，形成健全人格和良好人际关系的同时，自身的能力素质也得到全方位的提升，真正做到了知行合一，教学相长。

一、教育者先受教育，导师率先垂范加强学习

一位教育家曾说过："只有当你不断地致力于自我教育的时候，你才能教育别人。"为了更好地指导学生，导师也在工作中不断提升自身的各方面能力

和素质。生物化学工程学院导师指导学生积极参与申报国家级、市级科研项目，如"启明星""挑战杯"、创业计划大赛、专业特色比赛等。在这个过程中，导师个人的教学和科研工作也取得了成绩。T30 老师在未来工作的展望中一直思考着如何进一步提升自身素质，做学生的榜样，促进学生个性化成长。T30 老师认为导师首先应该具备良好的道德品质，其次要具备良好的教学能力、科研能力，以及班级管理能力，否则无法教导学生。

T31 老师积极参与进修深造，督促自己不断成长。2015 年获得教育部骨干访学项目资助，在清华大学化学工程系绿色生物技术实验室进行了为期一年的国内访问。期间，她踏实努力、刻苦勤奋、细致的学习态度受到实验室导师和同事的一致好评，并掌握了多项先进专业技能，收获丰硕，为后续科研发展提供了重要的动力。她积极向上、学术上不断探索的态度也深深影响了学生。在她的鼓励下，生物明德班学风浓郁，多名学生选择继续读研深造。至今有多名同学考取了中国科学院大学、北京协和医学院、南开大学、南昌大学、南京林业大学和天津科技大学等重点院校及本专业特色优势高校的硕士研究生。

T32 老师在教书育人的同时潜心科研和教研工作，利用整个暑假外出培训，改进教学方法，提升科研能力。她坚持创新，不断学习和利用新的教学方法和手段。在授课过程中，引入"蓝墨云班课"辅助教学，采用线上线下混合式教学方式，并尝试采用游戏、抢答、举手讨论和微视频等多种方式组织教学课堂，提升教学效果。通过将最新的思政案例引入课堂，引起学生对社会责任感的思考，实现了专业课程思想育人的德育目标。她主持完成北京市社科青年基金项目、北京市高校青年教师社会调研项目、教研项目、校杰出人才项目以及工信部委托项目等横纵向课题多项，并鼓励学生参与自己的课题，培养学生的项目管理能力、团队协作能力和严谨的科学精神。

T33 老师坦言，在管理好班级的同时，自己在教学和科研上都取得了十分突出的成绩。他的课程深受学生们的喜爱，收到了不错的教学评价和效果。作为专业理论课的老师，他课前认真备课，周密制订教学计划，注重研究教学理论，积极参加教研组的活动。他还经常听其他老师的课，从中吸取教学经验，取长补短，提高自己的教学水平。每节课都以最佳的精神状态站在讲台上，以和蔼、轻松、认真的形象去面对学生。为了提高讲课效果和教学质量，除了注重研究教材，把握好重点难点，T33 老师还通过培养学生学习实用技术课的兴趣，调动学生学习的积极性、主动性，提高课堂的教学质量，按时完成教学任务。在科研上，他近两年发表文章 8 篇，其中 SCI 收录 1 篇，另外 7 篇也为核心论文，独自撰写著作 1 部，获得立项的项目经费超过 100 万元。

二、教学相长，导师教学科研水平得到提升

T34 老师积极指导学生开展学术研究，培养学生科研创新精神和实践能力，积极开展大学生科技立项培训讲座，通过介绍大学生科技立项的申请内容、申请书格式、申请写作方法与技巧等，使得学生申请国家级、北京市级、校级的大学生科技项目的能力方面有了很大提升，积极带领学生参加北京社科重点项目、人力资源和社会保障部横向项目和教研项目等，努力提高学生科研能力和实践应用能力，获得师生的高度好评。指导学生（学生为第一作者或合作作者）在《人力资源管理》等专业期刊上发表学术论文 10 篇。同时，T34 老师本人也取得了丰硕的科研教研成果，担任导师以来发表论文共计 69 篇，其中核心期刊 37 篇（CSSCI 检索 23 篇），还参编出版高校教材，承担北京市社会科学基金重点项目子课题建设任务等。他作为骨干成员承担了北京菜篮子集团有限公司、北京银地房地产开发有限责任公司岗位薪酬研究，人力资源和社会保障部职业能力体系考核研究项目，同时带领学生参与上述项目任务，提高了学生所学知识的应用能力。

T35 老师作为青年教学骨干，在教学方面认真钻研教学技巧，全身心投入教学工作，根据各类课程的特点，培养学生全方位的学习能力，并秉承"以学生为主体"的要求，始终把学生当作认识和发展的主体，为学生的认识和发展提供各种有利的条件，帮助和指导学生学习，培养学生自学能力和习惯，既要"授之以鱼"，更要"授之以渔"，并取得了良好的教学效果。由于勤勤恳恳的坚持与努力，自入职以来教学质量评价均为良好及优秀，并获得北京联合大学第五届中青年教师执教能力比赛一等奖，生物化学工程学院青年教师基本功大赛第二名，《基于创新人才培养的生物化学课程教学改革与实践》校级教学成果奖一等奖，主持院级课程改革建设项目 1 项，主持通识教育选修课建设 1 门，参与校级教研项目 1 项，参与专业核心课建设 1 门、通识教育

选修课建设 4 门，发表教改论文 1 篇。在科学研究中，立足于北京市重点实验室的科研平台，凝练研究方向，潜心研究，主持北京市教委科技项目 1 项，主持北京市重点实验室开放课题 1 项，主持北京联合大学新起点计划项目 1 项，参与国际合作项目 1 项，发表文章数篇，其中以第一作者/通讯作者发表文章 4 篇。

三、相伴成长，导师和学校获得学生认可

无论是学生日常和老师的对话框，还是毕业季发自肺腑的朋友圈，抑或是毕业论文后的致谢，动辄就会触动老师的心弦，让他们觉得一切都值得。

S01 同学在毕业之际，回望大学生活，讲述了她班集体的故事：人力昕阳班是一个积极向上、互助友爱、勇于探索的集体！还记得我大一刚到昕阳班的时候，在迎新晚会上自我介绍时紧张、不知所措，慢慢地我发现了自己与其他同学的不同和差距，在老师同学和这个集体的关爱下，我开始清晰地认识自己，学会了如何爱自己。作为当代大学生，应当为社会、为祖国的建设贡献自己的力量，而前提条件是要认清自己、爱自己，才能更好地爱他人、爱社会、爱祖国。正是在这个班级氛围下，我发现班里的每位同学都逐渐地学会了爱自己、爱他人，并且将这份爱传递到社会上。我的班级有很多关于爱的故事。我们走进石景山福利院，陪老人看慰问演出，陪伴残障儿童玩耍，希望他们快乐不孤单。我的班级有很多关于探索实践、勇于创新的故事。从 2015 年开始，我们每年都有同学参与科技创新创业大赛，并且获得优异成绩。通过各个项目小组的互帮互助，在班级内已经形成了良好的科研创新风气，时间过得真快，这是我在人力昕阳班的第四年，我也参加了四次献血活动，我和我的班级还有很多难忘的故事。这个班集体承载了我大学生活的大部分情感，人力昕阳班成就了我，我也很荣幸见证了人力昕阳班的成长。

S02 同学是大一结束后转专业来到葛老师纵向班级的，在 2020 年毕业，并顺利考取了北京工业大学对口专业的研究生。S02 同学来自京外，家庭经济条件一般，一向不善言辞的他毕业季在朋友圈发了很长的文字：很多次有莫名的感动，我的导师葛老师，三年前因为您，我的大学生活发生了翻天覆地的变化，说您是我的人生导师一点也不为过。还记得我有脱发问题时您送给我的护发精华，还记得我买第一本论文写作书时您坚持要自掏腰包给我买，

还记得献血时您给我和班上同学买的营养品，还记得您帮助我解决了一系列的大大小小的困惑，返京前一天您还一直牵挂我的琐事。成为您的学生，我感觉到了那种特别亲切的关怀。没有您的帮助我不会有现在的成就，虽然不是很大的成就，但与自己以前相比已经有很大提升。

人力成长班 S03 同学在毕业论文后的致谢中提到了朋辈同学的积极影响和学院不同部门老师给予的帮助，影响最深的自然是四年陪伴引领的导师许老师：毕业在即，有很多想说的话、想见的人，道不尽的感谢。和联大的缘分，是高中三年刻在课桌上的"北京"，是一张张往返于故里与前方之间的火车票。四年的时间，联大改变了我许多，让我收获了许多。感谢联大，让我实现了我的"北京梦"，让我能在更高更广的舞台上自由地畅想，不断地突破、不断地前进、不断地追求；感谢生化学院，让我和同在四川一座城市却素不相识的早早同学相识，成为同班同学，一起求学，互相给予鼓励，有了熟悉的乡音陪伴，求学之路是开心快乐的；感谢联大，我在学校的美好记忆与一些可爱的人们有关。在这里，我认识了一群可爱的同学，我们一起成长，一起收获喜悦，再难的小组作业、再难的高数题目，有他们的陪伴，总能迎刃而解。在这里，我认识很多可爱的老师，启航班的刘老师、辅导员窦老师、国交处的李老师、制药的霍老师等，还有我最最最最最爱的许老师，她就像我们的亲人一样，理解我们、爱护我们。在我们浮躁、疲于进步时，她总会站在我们的角度思考问题，像能量补给站一样，帮助我们想办法、想出路。在我们拥有平稳快乐的大学生活的同时，她鼓励我们多出去走走看看，多开阔自己的眼界，勇敢地追求自己的梦想，并且告诉我们凡事尽全力就好。在最后的毕业论文阶段，许老师的心始终和我们在一起，总是在第一时间对我们的论文进行反馈，标红的批注、一段段长长的语音、一次次的论文辅导会都是她倾注心血的最好证明。在此，想对许老师深深地道一句：您辛苦了，有您真好。

2019 年的春天是我大学生活中最难忘的日子，在许老师、室友以及其他同学的鼓励下，在院国交李老师的亲切帮助下，我被选派至韩国建国大学参加为期半年的交换生项目。那是我人生中最珍贵的一段回忆，在那里，我踏出了舒适圈，在富有挑战性的学习生活中，提高了自己独立解决问题的能力。在不同国家的文化交流碰撞下，提高了自己的发言能力和英语水平。值得纪念的是，我还新学会一门外语——韩语。如果没有学校提供的机会、老师及同学们的鼓励和帮助，我就不会拥有如此好的机会，再次感谢学校以及帮助过我、鼓励过我的老师、同学们。总的来说，就像我们的班名"人力成长班"，我在学校和班级中收获了成长，这一路离不开任课老师们的耐心教导，离不开同学们的互相帮助，离不开学校职工的辛勤付出。

祝福母校和亲爱的老师们越来越好，愿更多的联大学子在这里发光发热。

班集体视角下的育人工作实践

  班集体在学校的育人工作中有着重要的角色。以"家"文化为内涵的班集体（纵向班）的创建，更是将班集体的育人功效提升到另一个层次。

  2016 年，随着生物化学工程学院落实本科生导师制，推进完全学分制改革，"纵向班"应运而生。所谓"纵向班"，就是以导师为核心组建的由同一专业，大学一年级至四年级的学生组成的纵向班集体的简称。

  导师制下"纵向班"的建设，生物化学工程学院采用"导师、辅导员、班级助理和朋辈学长'四位一体'协同育人"模式，以"专业简称+个性化班名"抛砖引玉，打造"班团"特色文化，以导师为核心形成学习共同体，建设个性化学生成长团队。

  纵向班集体（团支部）的评优是每年的重头大戏，每年的集体评优都是一场烦琐而激烈的"表演赛"，各个班级犹如八仙过海，各显神通，将上一年度的优秀事迹总结、提炼、汇总、润色，尽最大可能展现在评委面前。目前，我校的集体评优有"我的班级我的家""活力团支部""先进班集体""优良学风班"等。

  在每年的集体奖项评选中，总有几个班级（团支部）是获奖"钉子户"，究竟当选先进班集体的班级有着何种优于其他班的特质，有着怎样的育人文化，先进班集体的同学对自己的班级有着什么样的情愫，建成一个先进班集体需要哪些要素，值得我们去一探究竟。

  带着对"钉子户"的好奇，编者访谈了曾经获得过校级先进班集体荣誉班级的 10 余名学生，经过交流发现，入班"双选会"、打造班集体凝聚力、导师引领等特点是他们屡次获奖的关键因素和核心竞争力。他们的成功经验对落实本科生导师制，推进完全学分制改革具有非常重要的借鉴意义。

第一节　"以文化人，以文培元"

中共中央总书记习近平在主持学习时强调，把培育和弘扬社会主义核心价值观作为凝魂聚气、强基固本的基础工程，继承和发扬中华优秀传统文化和传统美德，广泛开展社会主义核心价值观宣传教育，积极引导人们讲道德、尊道德、守道德，追求高尚的道德理想，不断夯实中国特色社会主义的思想道德基础。习近平总书记指出，一种价值观要真正发挥作用，必须融入社会生活，让人们在实践中感知它、领悟它。要注意把我们所提倡的与人们日常生活紧密联系起来，在落细、落小、落实上下功夫。

在先进班集体的建设路径中，在以"家"文化为内涵的班集体育人环境的成长中，七个先进班集体形成了"各有所长""各有千秋"的班集体文化，七个班级是否存在着共性的特质，值得我们一起探析。访谈过程中，编者首先和大家谈到了入班的情况。编者发现，不同专业的文化特质不同，直接导致在入班"双选"的时候，大家的形式也千差万别。有的专业在入班"导师—学生"双选会的时候，避而不谈导师，只是由导师班级的学生骨干来介绍班级，其实，这种方式可以解释为依靠班级文化来吸引新的班集体成员，对导师或者说对班集体是一项很大的考验，但也是一次很好的展示机会。

L 同学回忆起刚入班时的情景说："我们选导师班的时候，是每个班长上去介绍班级情况，介绍完了以后大家进行选票，分别是第一志愿、第二志愿、第三志愿，然后根据排名选择自己想加入的班级。当时听完班长的介绍，就感觉我们导师比较负责任，活动也比较多。还有班长 PPT 做得挺好的，讲得也挺好的，感觉他是个有能力的人。当时感觉如果班长挺好的话，班级应该也不会特别差。"

Z 同学介绍说："选老师的时候系里就是只介绍班级，不介绍导师。由各班班长、团支书依次介绍各班近几年的情况，包括班级里的获奖情况，以及班风情况、班级概况、口号、学风等。"

有的专业在介绍导师或者导师班级时，通过高年级的同学来宣讲或者组织团建破冰，用实际活动将班级文化展示出来，吸引有"眼缘"的同学。

Y同学说："开学之初，选导师进班之前，许多学姐学长会向我们新生传授各种大学生活、学习经验和自己的未来规划，专业的各个导师会为我们讲授专业方面的知识和未来的专业发展方向，我们通过自我介绍和做游戏来让大家互相熟悉，以此建立新团体。经过一系列的环节后，逐渐敞开心扉，大胆与学姐学长及老师进行沟通交流，这是一次很好的学习，也是我来到大学的第一课，很温暖，也颇具意义与价值。"

还有的专业循规蹈矩，导师主动做介绍，依靠自己擅长的领域来吸引有同样兴趣的同学加入团体。

W同学提到："开学的时候我们和导师进行互选，一个专业的所有导师聚在一起面对大一新生进行自我介绍，主要介绍自己擅长的领域以及自己的专长，同学们可以根据对自己的日后规划以及自己的兴趣点选择导师，同学们和导师互相选中的才可以进入导师的班级里。"

但是，一路访谈下来，编者发现，无论是导师的"主动出击"，还是班级依靠的"文化吸引"，所在的用意就是可以吸引"志同道合"的同伴，发掘同学们的兴趣点、性格特质等，进入班级后，导师针对每个班级成员的特点，针对性地进行指导选课或加入科研团队，因材施教，帮助同学们更好地个性化成长、成才。

随着访谈的进行，编者发现，访谈的先进班集体成员无意中都能提到这样一句话"我所在的班级，每个人都在尽他们的所能去建设好我们的班集体"。每个人似乎不在乎自己在班中的定位，但是他们在乎整个班集体在他人眼中的形象，并且都在为之努力着，这正是习近平总书记提到的"功成不必在我、功成必定有我"的胸襟和气魄的生动体现，这也能说明，班集体的精神已经融入每一位班集体成员的成长历程之中。

班集体精神是班集体文化的内核。它表达着班集体的精神风貌和班集体的风气，使上下一心，众志成城。班集体精神的展现以班级文化的建设为主要方式。编者从以下几个方面来阐述。

先从班级名称说起。访谈中，我们谈及班级命名的时候，大家对班级的命名发言踊跃，几乎无一例外地都参与了班集体名称的确定或者能够阐述班集体名称的意义，能够体会到大家对班集体的热爱、期望，甚至感怀和不舍。

班级命名的过程中，大家都将导师的名字和自己班级文化联系起来确定，比如人力腾鹰班、人力昕阳班、制药青梅班、工管红运班、工设缘源班都是巧妙利用导师名字中的一个字或者是同音字来命名，既让人一眼明了所在的班级，又有自己的内涵和寓意。

人力腾鹰班："班级名字的确定，基本上导师参与得比较少，这都是我们班委先讨论出几个比较有代表性的名字，然后再经大家的投票，最后确定下来。班集体的命名，第一个考虑的是我们导师的名字，就想从他名字里面取一个字，然后让大家看到这个名字就知道是我们导师带领的班级；第二个考虑的是班级的文化氛围，想起一个积极向上的，因为毕竟是一个大家庭的名字。"

人力昕阳班："班级名称昕阳。昕，取自班级导师的名字，指太阳将要出来的时候，也指黎明，明亮的意思，阳与昕意思相近。主要含义分为两层，一是班级成员团结进取，积极向上，奔向黎明，创造辉煌。二是昕阳寓意着导师是班级学生的引路人，是学生们心中的太阳，指引着班级同学向着一个又一个目标迈进。"

制药青梅班："我们之所以取名叫青梅，是因为我们班同学就像青梅一样，酸酸涩涩，代表着夏天的味道。班名中的'梅'字取自我们导师的名字，同时也体现出我们班同学像梅花一样的精神面貌，高洁、谦虚、坚强。取'青梅'二字，代表我们班级有极强的凝聚力，是一个团结的集体，相互扶持，共同进步。"

工管红运班："我们班以前的名字是红帮，后来，改名字的时候大家集思广益，集体决定保留'红'这个字，因为'红'是班级精髓，所以'红'这个字必须留下，后来大家每个人根据'红'这个字组词想名字。集体投票后选出来'红运'这个名字。'红'字是精髓，首先是因为我们导师名字中有'红'字，其次是传承'红帮'的名称，而且我们班的班训是'又红又专，有爱有为'，同时红这个颜色更能体现出班级同学火一般的热情，火一样的团结和凝聚力。"

工设缘源班："我们班的口号是'有缘相聚，寻觅设计之源'，我们觉得聚在一起是一种缘分，非常珍惜这个缘分，所以是有缘相聚。我们聚在一起，探讨有关设计方面的问题，设计出符合人们需求的设计，所以是寻觅设计之源。选取'缘''源'二字，一方面与口号中'缘''源'相呼应，一方面希望我们可以彼此相互学习，一起设计出更好的作品来。"

其他被访谈的班级中，大家所在班级的命名是将班级的愿景、同学们的志向结合起来而确定的。

工管志远班："志远二字，代表着我们志远班的同学，可以像我们的班级名称一样，志存高远。这个名字是由 2014 级一个非常优秀的黄学姐想出来的，当时全班召开班会，由我们导师张老师主持投票选出。进入我们志远班的同学充满了对生活和学习美好的期待，我们会给他们一个家的温暖，给他们一个良好的学习环境。"

工设元创班："在确定这个班级名字的时候，班中每个人都贡献了自己的想法，然后采用了一位同学'原创'的想法，因为学习工业设计专业，创意固然重要，但尊重他人作品，养成良好的保护知识产权意识更重要，后加入导师的建议，将'原'改为'元'，鼓励大家多多思考，将创新放在第一位。"

习近平总书记强调的美好，要在加强品德修养上下功夫，教育引导学生培育和践行社会主义核心价值观，踏踏实实修好品德，成为有大爱大德大情怀的人。编者访谈的七个班集体中，他们也正是在"爱"的海洋中不断受到熏陶和感染，致力于做有大爱大德大情怀的"一家人"。

访谈中，受访者不约而同地提到，班集体带给他们家的感觉，导师是家长，班集体成员是兄弟姐妹。

有的同学说，在这个"家"中，集体中的每个人都很好相处，很温馨。

人力昕阳班 C 同学谈道："第一次见面的时候，就觉得学长学姐都挺热情的。经常组织大家在一起活动，有时是班会，有时是聊天，有时是包饺子，或是一起给几个同学庆祝生日，或是一起偷偷给老师准备教师节礼物、生日礼物，还有给毕业生准备礼物、毕业生欢送会、元旦晚会，以及读书交流会，也会组织大家出去春游和秋游。"

制药青梅班 L 同学说："最重要的一点，真正的认同'我的班级我的家'，在于大家都把彼此当作家人，互相关心，共同进步。"

有的同学说，在这个"家"中感觉到了家的温馨和关怀，这种关怀既有来自导师长辈般的爱护、关心，也有来自同门兄弟姐妹般的支持和帮助。

人力腾鹰班 L 同学说："比如说最近降温了或者风很大，不管是班级干部还是班级的其他成员，都会发温馨提示，例如，天冷风大，注意保暖，大家看到都会在群里面热情回应。"

还有的同学说，在这个大家庭中，病了有人关心，有人送药，有人陪同去医院。

工管红运班 Y 同学认为："我们班只要有一个人有困难，大家都会积极帮助，齐心协力共同克服。我感觉班级更像是一个家，很团结、很温暖。一般知道有生病的同学，大家就会先私信问好点了吗，然后就有同学根据情况送药或陪同去医院，帮助同学早日康复，其他同学也会经常问候关心，比如帮助重修的同学复习，帮助学长学姐借书，分享老师上课重要知识点。"

也有的同学说，遇到困难时有人提供帮助，有人出谋划策。烦躁的时候有人耐心疏导。还有同学说，我们的班级志同道合，所有人都有着共同的努力方向和集体追求。

工设元创班 W 同学说："我们是团结的大家庭。从大一刚入学老师便组织我们进行一周一次的班级茶话会，大家也逐渐从陌生到熟悉。"

当然，不少同学还提到了导师无微不至的关怀。

工管红运班 Y 同学说："导师对我们很关心，不仅在学习上，在生活上也是。比如有的同学身体感到不舒服，她就会特别关心这位同学的身体情况，过两天也会联系这个同学，问问病好了没。"

工设元创班 W 同学说："导师是一位非常温柔细心的人。我们对专业知识从了解到熟练运用，少不了学长学姐的悉心指导，但更多的是老师对我们的教诲，她像一位大朋友，带领我们走入大学的生活。现在我已经是一位大三学子了，看着更多的学弟学妹加入我们这个大家庭，参加每周一次的读书会，听着他们对每本书不同的理解以及对专业知识的疑问，我也会如同学长学姐当初那般耐心为他们解答。"

学生个人的成长与班集体的壮大，两者相辅相成。学生的成长成才需要不断地汲取各方的营养和能量，这些营养和能量有的来自导师，有的来自朋辈学长，有的来自朝夕相处的舍友和同学，有的则来自其所在的整个集体。而集体的壮大、荣誉的取得也需要集体中每个成员的不懈努力，凝聚向上向善正能量，营造发展超越好氛围。个人的力量是极其有限的，但集体的力量却是无穷的。正如习近平总书记曾提到的"力量不在胳膊上，而在团结上"。

第二节　"力量不在胳膊上，而在团结上"

一、兄弟同心，其利断金

访谈中，大家对所在班级的印象除了提到"家"的感觉，还会用到"团结""凝聚力"等词语来描述。

就拿人力腾鹰班来说，当编者问到对班级的突出印象时，L 同学说："我们班肯定是团结，比如说要是有什么事的话，班级肯定是拧成一股绳，然后一起出来解决面对的。"而问到人力昕阳班时，C 同学也很直接地说："我觉得最重要的就是凝聚力"。制药青梅班的 Y 同学也一直强调："班级的凝聚力是一股无形的强大力量，对每个学生的发展起到潜移默化的教育和激励作用。团结使我们在学习上有方向、有榜样、有动力，在生活上有乐趣、有帮助、有情义，不断在各个方面有所突破、有所成就。"工管志远班 Z 同学对班级印象则是："是具有良好学风和班风，同学团结进取、互助友爱、生动活泼、凝聚力强，具有创新意识和创新能力的集体。""团结""凝聚力"二词多次出现于受访同学口中，可见团结与凝聚力对一个班集体的重要性。

工设缘源班、工设元创班同学在总结对班级的优势和印象中用具体的事例讲述了他们班集体同学之间互帮互助、师生之间团结友爱的情景。

工设缘源班 W 同学说："我觉得我们班最大的优势是会在每周三下午一二节课开展班会，及时了解同学们和老师最近的情况并有完整的班会记录，一方面增加了班级的凝聚力，另一方面让大家更加了解彼此。"

工设元创班 W 同学说："我所在的班级，每个人都在尽他们的所能去建设好我们的班集体，比如班级里面有些同学成绩并不是十分理想，那么我们就会在他想放弃的时候拽他一把，在他们有问题的时候耐心解答，这样大家就越来越努力，越来越能找到更好的自己。"

伟大领袖毛泽东同志说过："团结一致，同心同德，任何强大的敌人，任何困难的环境，都会向我们投降。"通过大家的访谈内容可以看出，大家对班级的团结、凝聚力，或者说对"集体""团队"的认同感和归属感还是很强的，由此产生的"向心力"就会有很好的效果。高尔基也提到过："团结——在人需要的时候，它能帮助人民克服各种混乱。"团结或者说凝聚力、向心力是成为先进班集体的一个重要因素。

说到团结，其实被访者谈到的另一个角度也能说明在先进班集体的建设中团结、有爱、互相扶持的重要性，那就是"活动多"。访谈发现，七个先进班集体中的受访同学都不约而同地提到了或者反映出同一个关键词——"活动多"。"我们活动特别多""我们活动比较频繁""每周"等此类的词语或句子频繁出现在问题"你认为你们班优秀体现在哪些方面"的回答之中。活动多，恰巧也说明了班集体的活力高、参与度高、班级凝聚力强，从而取得优秀的集体荣誉也就顺理成章了。

人力腾鹰班 L 同学在访谈的开篇介绍中直接说到"活动多"是他们班级最大的特点："我们班最大特点就是活动特别多，包括一些班里面的活动，还包括一些团建活动等。"

人力昕阳班 C 同学说："就班级活动来说，我们班开展得还算是比较多的，频率应该是一个月一次。"

工管红运班提到了活动办得比较"勤"。Y 同学说："我们班的活动办得比较勤，隔几个月就会有一次，有许多外出活动，比如参观工地、参观建筑公司等。"

还有制药青梅班，通过活动助力班级发展。Y 同学说："班集体按时召开支部活动，许多学姐学长向我们传授学习经验和自己的未来规划，导师为我们讲授专业方面的知识和未来的专业发展方向，我们通过自我介绍和做游戏来让大家互相熟悉，以此建立新团体。"

另外，工管志远班、工设缘源班以及工设元创班三个班级直接固定了活动时间和活动内容。工管志远班会利用法定节假日、常规赛事、具有特殊意义的时间节点来组织活动；工设缘源班是利用每周固定的导师见面时间，召开班会、专业分享会等活动；工设元创班则是每周选一天举办"班级茶话会"，增进师生之间的了解，每周一次"读书会"提升班级理论水平。

从大家提到的活动内容来看，七个先进班级无一例外地都提到了完成学生处和团委指定的"主题团日活动""主题班会"等规定动作，这也从侧面反映了七个班级对校院级任务执行的完成度。

谈话发现，七个先进班集体，在完成指定的"主题团日活动""主题班会"等任务时，也能够别出心裁，不拘一格，能够以同学们喜闻乐见的形式去完成，譬如参观烈士陵园，接受爱国主义教育；去敬老院义务劳动，体验志愿服务，人文关怀；疫情期间社区送温暖，为"抗疫"志愿者送慰问品，体验大爱；辅导留守儿童功课，给有需要的群体带来温暖与希望，尽到自己的一份责任；深入社区绘制宣传墙画，将所学反馈社会，体现社会担当；等等。学生们在谈话时也都提及了大家都会积极去参加类似的主题活动，受益颇多，能够接收到"视觉刺激"，能体验到课堂上体会不到的感受和心得。足以说明"仪式教育"的效果，质量高、效果好。

除上文提到的规定动作外，编者认为，七个班级的活动可分为以下三类：

第一类是融合了以学业为导向的主题活动。例如，制药青梅班"导师为我们讲授专业方面的知识和未来的专业发展方向"；工管红运班"导师积极联系多方合作机构或企业，结合当前所学内容，参观工地、参观建筑公司。学长会告诉我们这个行业现在的形势和未来发展趋势是什么"等等，将第一课堂的学习内容延伸到实际生活中去，对专业素养的提升和就业能力的提升都有一个明显的帮助，营造了良好的专业学习和学术交流氛围，让学生觉得自己所学有用武之地，可谓"学以致用"的现身说法，自然，学生的出勤率就有了保证。

第二类是班级文化建设，诸如团建、班会、集体出游等。这种活动相对第一种而言，活泼了许多，因为第一种大家的目的还是专业学习。班级文化建设类活动既可提升班级成员之间的熟识度，增强班级的凝聚力，又可形成班级特有的文化氛围，提升团队影响力和战斗力。人力昕阳班在访谈中提到，"我们整个班经常出去，活动举行得也比较多，因为大家经常聚一起，所以关系就会越来越好。创新科技活动比较多，都是高年级的带低年级的，一届一届地这样传承下来"。工管志远班提到，"班级聚餐、野餐、茶话会等形成对班级的认同感、责任感及归属感都很重要"。

第三类是非正式的"聚会"。据受访学生介绍，这种活动是大家私下进行的，偶尔会邀请老师参加，主要是朋辈聚会，或是邀请已毕业的学姐学长，既有交流感情的"饭局"，也有传授专业经验的"交流会"。七个班级均提到了这类聚会的重要性，班级成员关系越融洽，此种活动越多，参加聚会也有助于促进班级成员之间的感情。

各种活动，从不同的角度，用不同的方式和渠道给予了班集体不同的成长路径和经验，有社会担当，有爱国情怀，有人情温暖，有乐于奉献。反映出导师、班集体在综合运用不同的方式方法帮助同学们去实践、去感受、去成长，向上向善，努力将同学们培育成为有大爱大德大情怀的人。

二、严管厚爱方能有畏有为

班级精神与班级文化对班级的壮大、发展有着重要的作用。古语有云"没有规矩，不成方圆"，七个先进班集体印证了这句话。访谈发现，七个班级经过大家的推选、投票选定了班歌，有的经过讨论、实践、研究制定了属于自己班特有的班规班纪并严格执行。以多种形式不断充实班级文化、打造班级风格、塑造班级形象。

人力腾鹰班的成员经过集体讨论通过了本班集体的"家规家法"，奖惩结合，朝着更好的方向发展。

人力腾鹰班 L 同学说："班级起草了规章和班纪，例如，对班级活动这一块，班级当时规定的是如果不参加班级活动，缺席两次或者两次以上的，会影响个人和集体的评奖评优。这是经过班委会讨论，然后再跟大家一同讨论，最终大家也一致同意、认可了的规则。并且班级内部进行'借阅标兵''文明标兵''健跑标兵'等评选，做到一月一总结、一期一表彰。"

人力昕阳班强调"家"的归属和荣誉，正是班级成员的优秀共同铸就了"家"的荣誉。

人力昕阳班 C 同学说："我们有完整的一个班级制度，例如，参加班级活动的出勤制度。还有我们曾经开会，包括导师和班委都讲过班级活动对大家的重要意义。我们也强调班级文化的执行与每一名班级成员休戚相关，班级成员优秀了，这个班级才能更加优秀，班级优秀了，反过来也会反馈给这些班级成员，他们也会更加闪亮、更加优秀、更加有荣誉感。"

制药青梅班注重班级纪律，"治军严格"，有着严格的班级管理制度约束、鼓励班级成员，朝着正确的方向发展。

制药青梅班："以'班级管理制度'规范班级管理和学生行为，良好的学习氛围也是一个优秀的班级所具备的特点，也是我们认为可以向其他班级推广的。在老师、班长和团支书的带领下，我们班很好体现了'班级管理制度'的优势，大一新生早晚自习出勤率100%，无迟到早退现象、无旷课行为；考试无作弊，学习气氛浓厚；班级绩点最高3.9，平均2.6，2019届毕业生3人考取研究生，其中2人出境；2020届有2人参加考研。"

工管红运班不仅制定出纪律规定，还制定班级奖惩制度。

工管红运班 Y 同学说："对班级组织的各项活动，同学们都热心关注，积极参与，共建一个团结奋进的班集体。在校为班级争取荣誉或在集体活动中表现突出的个人或团体，会在班级学期末总结班会中给予一定的物质奖励和表彰。"

工管志远班依靠班级全体成员发力，立志形成自我教育、自我管理、自我服务的优秀集体。

工管志远班 Z 同学代表班级成员说："依靠班级的力量和志远班同学的积极性、主动性和创造性，形成自我教育、自我管理、自我服务的良性运行机制。班级干部树立责任意识，带领班级工作走向规范化、民主化，将班级建设成为具有良好学风和班风的集体，同学团结进取、互助友爱、生动活泼、凝聚力强，打造有创新意识和创新能力的集体。"

工设缘源班和元创班师生全员参与制定了班级制度，有商有量，有奖有惩。

工设缘源班："经过老师提议，由班委讨论、完善，然后交由全班讨论、修订和认可，最终形成班级制度。班级制度主要涉及集体活动请假流程、班干部及全员的职责和义务等，另外对挂科的同学也会规定相应的惩罚，以示警诫。"

工设元创班："根据班级实际情况，经过班委商讨、导师建议，后经班级全体成员讨论通过，由学姐学长带下一届的学弟学妹，每周举办交流会。"

严管不是管死，而是让大家知晓万事都要有规则，要有约束。所谓自由，不是绝对的，是在国家法律法规、学校校纪校规的约束下存在的，突破了应有的界限的自由，不是自由，而是放任、放纵。只有在相对约束和制约下的自由，才是真正的自由。严管之下，同学们的日常校园生活中才会有所畏惧，有所节制。而严管的背后，其实是老师对学生的关心和爱护，是老师想尽办法，集班级的力量帮助同学们向着更好的方向发展、成长、成才。

三、亲其师，才能信其道

习近平总书记说："'经师易求，人师难得。'教师承载着传播知识、传播思想、传播真理，塑造灵魂、塑造生命、塑造新人的时代重任。"

如果说班级文化是班级赖以生存和发展的生命源泉，那么导师就是班级得以存在和光大的灵魂所在。

编者在访谈中发现，班级虽不同，但是每个受访者都对导师有着很深的感情，或者给予了很高的评价，或者对导师的优秀事迹信口拈来。无疑，导师的引领是先进班集体的重要因素之一，可以说是先进班集体的核心要素。导师对班集体付出心血的多少也决定了班级文化、班级发展、班级活力的程度。学生也正是因为被爱护、被打动、被信任，从而亲其师、信其道，不断成长。

访谈中笔者发现，在同学们的口中，导师的性格不同，带出班级的风格也就千差万别，成员对导师的印象也就有所不同。

例如，有的老师给同学们的第一印象不是平易近人，但是在大家最需要的时候从不缺席。人力腾鹰班的导师是编者访谈的班级中唯一的男性导师。

人力腾鹰班 L 同学说："我们导师给人第一感觉，不是那么平易近人。但是深入接触的话，我觉得我们老师还是特别和蔼可亲的，平时他对我们不管生活还是学习上面的指导都是很多的。我感觉大学四年里基本上都是他推着我往前走，不管是做什么事儿，哪怕只是很小的点他都能看到。"

在剩下的六个班级中，可能是女导师的缘故，同学们都觉得老师很细心、很贴心。

比如人力昕阳班 C 同学说："我们导师应该是我从小学、中学到大学遇到的最好的老师了，从学业上她会监督你。生活上每个同学的情况她都很了解。每当我遇到什么事情，或者是感觉比较迷茫的时候，都会去找她聊一聊！她在指导我们做项目的时候，好几天晚上都跟我们讲到了 12 点多才回家。她指导项目的时候主要是以引导的方式为主，在比较难懂的地方点拨我们，然后让我们自己去思考。"

制药青梅班："我们拥有出色的导师，学习上，在导师的带领下，我们勇于创新，多次参与并拿下奖项。导师了解学生的兴趣与性格特点，引导学生制定职业规划，从而帮助学生制定学业规划和课程规划，并结合'启明星'

'创业大赛'等项目让高年级同学带领低年级的同学培养学以致用、团结协作的能力。生活上，导师会经常关心我们，遇到问题我们会与她倾诉或者向她请教，她也会及时地帮助我们解决问题，疏导烦恼和困惑。"

工管红运班："老师特别贴心，去参观工地的时候，老师一直走在最后面，不断提醒我们注意安全，有的时候戴安全帽不太舒服，有的男生就会摘掉，老师第一时间就会告诉他们赶紧戴上。如果去安全措施不完善的地方，老师就会特别小心地提醒我们，让我们不要乱跑，注意安全。我们班有一个学习成绩不好的同学，蔡老师紧跟着他，一直盯着他学习，每年从学期开始就让他好好学习，督促他不要挂科。"

工管志远班："在学业上导师孜孜不倦地为我们解答问题，给了我们很大的鼓励与指导。我们班的绩点能从 2018 年的倒数几名，冲到前面几名，导师功不可没。在生活上和每一位同学认真交流沟通，深度了解我们每一个同学的生活情况。在期末结束时我们班聚餐，她都会告诉我们假期应该怎么做，针对不同的同学制订不同的计划，让我们更加明白在四年内怎样获得更大的收获。"

工设缘源班："导师对我们是极其关注，生活上、学习上都是如此。日常导师会关心我们的生活，有时候在微信上进行询问。有时我们会利用课余时间面对面地开会，导师还会给我们准备点心，氛围特别好，很轻松，大家在会上谈自己最近做的事情以及心得体会。"

工设元创班："老师是一位非常温柔且细心的人，为了提升班级的凝聚力会想方设法办活动，让所有人参与进来，互动起来。她像一位大朋友，带领我们探索大学的生活"。

访谈中，当谈及印象中最深的一件事时，同学们略微沉思后，脱口而出的都是，"那我说说和老师之间的小事吧"，可见，先进班集体中的导师，早已影响着同班级的同学，潜移默化、润物无声进入同学们的心中。

人力腾鹰班 L 同学："印象最深的，说一件和导师有关的小事吧。2019 年的挑战杯，我们团队有 5 个人。交东西之前基本上天天在熬夜，导师就天天陪着我们。我们在他斜对面的会议室，有什么问题去咨询他，发现他并未入睡，一直悉心给我们解答，我们熬夜他也熬夜。"她还说："老师对我们的教导，表面上看是放养式，但是如果发现个别人状态不好，老师就会主动约他聊天。包括'致用杯'之前，我们项目书中中英文的标点符号和参考文献的格式完全不对。他发现后就会指导我们应该怎么做。这对我们的成长很有帮助。"

人力昕阳班 C 同学："我印象最深刻的就是导师 W 老师对什么事情都是很严谨的态度，不管是她带我们做项目，还是在学业上或者是负责其他事情。大学四年，W 老师教给我很多东西。例如，2019 年的毕业生欢送会，W 老师悄悄给他们准备的礼物是赠言卡片，那些卡片都是 W 老师一个人写的，给每一个同学写了不同的话。另外，上次我们上实训课的时候，我突然得了荨麻疹，刚开始只是腿上有一点，然后就开始一直往上蔓延，我就去了医院，当时只是跟上课的老师请了假，其他人谁也没告诉，但是我还没有到医院，W 老师就给我打电话，问我怎么样了，有没有挂到号。我觉得他有的时候像老师一样，有时候又像家长一样。"

制药青梅班 Y 同学："印象最深的是去年我们组队参加了'致用杯'比赛和 2019 年北京高校大学生优秀创业团队比赛。当时，准备这个活动的时候只有我们 5 个学生以及 L 老师。校赛之后我们以第二名身份成功晋级市赛。由于一开始没有请到专业的比赛老师进行指导，初赛的计划书、PPT、视频等都要修改。我们团队成员连夜改计划书，L 老师白天在学院上课，下午到校本部和我们一起改计划书和 PPT，一直改到深夜两点，晚上都没有吃饭喝水。因为当时代表学校去参加市级的比赛，时间非常紧急，每个同学都很拼命。我们分工合作，有的在改计划书，有的在改 PPT，有的更改项目 logo，有的在针对专家评委会提什么样的问题我们需要怎么回答。在临近大赛前一天，我的演讲稿被推翻了很多次，答辩的同学们一次又一次地演练。最后，功夫不负有心人，我们获得了市级一等奖。当我们团队站在领奖台上时，说不尽的感动和感谢。"

工管红运班 Y 同学："印象最深的，是有一次导师带我们去参观工地。那天很冷，我们大家还提前到了工地，当时刮大风，工地有沙子和扬尘。C 老师特别贴心，利用早到的半个小时进行知识讲解，期间还给我们发糖，联系了工地工人给我们提供热水。后来去参观工地的时候，老师一直走在最后，确保每个人的安全。如果去安全措施不完善的地方，或者参观的地方有危险的设施，C 老师就会特别小心地提醒我们不要乱走，注意安全。"

工管志远班 Z 同学说："印象最深的就是写'启明星'申报书时，由于时间特别紧张，我们小组准备得相对来说比较欠缺，只好求助 Z 老师。写好初稿后，就交给了 Z 老师，Z 老师也是替我们着急，为了达到最好的效果，突出研究目的和实际意义，Z 老师一直在修改和完善。虽然我们交给老师的时间比较晚，但是 Z 老师丝毫没有怨言，一直到深夜两点多还在给我们修改申报书，所以我印象特别深刻。"

工设缘源班 W 同学说："让我感触最深的一次是周末学校组织的一次团建活动，导师全程为我们拍照和摄像，给我们鼓励。300 米的跑道，自从我们班代表上场比赛，导师就一直跟拍，大概是 10 个人上场，Z 老师也就跟着跑了 10 圈，不间断的那种。那时天气还很冷，还有穿薄羽绒服的，Z 老师却跑得大汗淋漓。"

工设元创班 G 同学说："最难忘的还是导师 F 老师，F 老师对班级的每一位成员都很了解负责，在学生困惑的时候总能提出有针对性的建议，给予方向、进行心理辅导。而且沟通起来没有隔阂，能让同学们接受、进行思考，与其说是老师，倒更像是我们的大朋友，带领我们走进大学生活、了解大学生活、喜欢上大学生活"。

2016—2020 年，承载着"家"文化的班集体也走过了四个年头。四年多的时间里，师生共同打造了"独具一格"的班集体，同时铸就了一个个特色鲜明的班级活动。这些活动，带动了班级的氛围，凝聚了班级的力量，对班级文化的宣传、影响力的扩大都有着至关重要的作用。

第三节 "语言是叶子，行动才是果实"

2016—2020 年，四年多的时间里，导师们以其渊博的知识、专业的学科背景、独特的人格魅力，学生们以其好学的姿态、精心的合作与配合，呈现出了一个个个性化的优秀班集体，我们来一睹他们的高光时刻：

人力腾鹰班

人力腾鹰班，隶属人力资源管理专业。秉承"'鹰'一样的个体，'雁'一样的团队，直冲云霄，团结协作"的班训。班级平均学分绩点3.0，英语四级通过率60.6%，毕业生签约率100%。曾获得北京市优秀班集体，多次获得校级先进班集体、校级"活力团支部"等荣誉称号。

人力腾鹰班固定了一个参加学生课外科技活动竞赛的模式——"老人带新人"，利用"老人"的经验和技巧，新人的好奇和"敢想敢干"在学生科技竞赛活动中屡创佳绩。

人力腾鹰班："科研小分队"。每一年的大学生课外科技活动竞赛，人力专业都能涌现出一批有活力、有创新的科研小队。访谈中发现，腾鹰班的这种小队是"可持续"存在的，每年都会有高年级的学长学姐牵头带着低年级的班级成员搞调研、出成果，并且高年级的同学毕业前会把相关的经验传递下去，每一年都有一个领军或者说是核心成员。2019年，该小队成功获得了我校唯一的国家级奖项。

人力昕阳班

人力昕阳班，隶属人力资源管理专业，是一个拥有强大凝聚力和创造力的集体，形成了"知行合一，美美与共"的班级文化。班级平均学分绩点3.0，曾获得北京市优秀班集体，多次获校级先进班集体、校级"活力团支部"等荣誉称号。

人力昕阳班有一个传统，就是读书。导师鼓励班级成员多读书，读好书，会和大家一起讨论、推荐、分享书籍，他们甚至还开发了有借阅图书功能的小程序。

人力昕阳班："共享书单"活动。昕阳班的这个活动已经持续了多年，班级甚至还开发了共享书单小程序，通过这个小程序，班级有需要借阅图书的同学便可以直接在小程序上下单。共享书单在图书借还流程和借阅数量方面都有着清晰明确的制度。共享书单作为班级持续开展的活动之一，有着良好的开展效果。首先，通过同学们分享自己阅读过的高品质优秀图书，可以为班级其他同学提供借书的便利条件，与此同时，对有相同兴趣的同学还可以互相交流，分享感悟。其次，图书的多样性也增加了知识的丰富度，通过借阅书籍可以扩充同学们的知识面，培养班级同学的阅读兴趣。最后，通过互相借阅书籍可以增强同学们的交流，使班级各年级同学更加熟悉彼此，进而增强班级的凝聚力和活力。这个活动对同学们的阅读提供了很大的帮助，里面的图书都是经过同学们精挑细选的，对在图书馆不知从何入手的同学们提供了方便。同时同学们也能通过看同一本书产生共鸣，借阅者与持有者通过交流更能启发彼此的思路，增强班级凝聚力和文化素养。

制药青梅班

制药青梅班，隶属制药工程专业。秉承"明知不可为而为之，有所不为方有可为"的班训，协作进取、厚德有为。签约率80%，就业率100%，班级平均学分绩点2.6。曾获校级先进班集体、校级优良学风班、校级"我的班级我的家"优秀示范班集体荣誉称号。

制药青梅班导师也提倡多读书，提倡朋辈榜样的力量，为此，班级定期开展朋辈交流会、读书分享会。

制药青梅班：朋辈交流会、读书分享会。青梅班自从成立初期到现在一直都有新生见面交流会环节，会上学姐学长向新生们传授各种大学经验和自己的未来规划，导师为新生讲授专业方面的知识和未来专业的发展方向，提供给新生学习和生活上的指导，让新生更好地适应新环境。每年在六月初都会举办读书分享交流会，这样能够让更多的同学产生读书兴趣，增加阅读量，也能够更好地开阔视野。同时，举办低年级与高年级的学习交流会，方便让学弟学妹们更快地适应专业知识的学习，并且要请本系的一些老师和优秀高年级学生进行经验分享，这样能够让同学们明确自己的学习方向，培养更好的学习习惯。另外，还会在开学初期，带领新生参观以及整理实验室，这是为了让新生更快地了解专业、融入专业，并且还会开设"玫瑰花精油提取"的兴趣实验，通过实验来对这个专业的药品和器材有更深入的了解。

工管红运班

工管红运班，隶属工程管理专业。班级秉承"又红又专、友爱有为"的班号，践行"烈士骄阳，铸造精钢！又专又红，唯我红运！"的班训。班级平均学分绩点3.0，毕业生签约率100%。曾获校级优秀团支部、校级先进班集体荣誉称号。

工管红运班强调专业知识的学习，强调学习成绩不能拖自我发展的后腿，他们注重发挥"学霸"的作用，带领全体成员取得好成绩。

工管红运班："补习"会议。对考试成绩不理想的同学进行帮助，比如说这次大一的部分同学期中考试英语和数学成绩都不是很理想，就会让高年级学习相对较好的同学为大一新生补课、讲解习题，带着他们学。当然不只局限于大一，只要是觉得考试成绩不理想或者哪方面专业知识掌握不到位的都可以及时询问高年级的同学，都会得到耐心地讲解。

工管志远班

工管志远班，隶属工程管理专业。班级秉承"志存高远，百折不挠"的班训，践行"志远精英，敢闯敢拼，花开不败，We can fly！"的班号。曾获校级先进班集体等荣誉称号。

工管志远班注重班级发展的"总结"，会定期召开总结会，核查班级的发展路线和成绩，及时调整方式方法，确保班级一直朝着既定的目标不断前进。

工管志远班："月次"总结班会。每月召开一次全员的总结大会。利用"月次"总结班会，根据班级建设目标，梳理班级概况、查漏补缺进程，督促、引导班级形成自我教育、自我管理、自我服务的良性运行机制，努力将班级建设成为具有良好学风和班风的班级，具有创新意识和创新能力的集体。

工设缘源班

工设缘源班，隶属工业设计专业。有着"有缘相聚，寻觅设计之源"的班号，曾获校级先进班集体等荣誉称号。

工设缘源班强调班级成员的互相学习、共同进步，按期举办分享会。

工设缘源班：班级分享会。在分享会上可以向其他同学分享近期的学习心得、遇到的困难和感兴趣的内容，互相学习，让同学们的关系更加紧密。

工设元创班

工设元创班，隶属工业设计专业。平均学分绩点 2.63，班级建设以科技活动见长。曾获校级先进班集体等荣誉称号。

工设元创班推崇互相学习，互相帮助，共同进步，结伴成长。

工设元创班：班级"茶话会""悦读会"。班里每个年级每周都会有交流会，这是每个同学刚一入校就延续起来的传统，同学们会分享近期的收获与感悟，互相学习互相帮助。很多时候导师也会分享一些设计师的风格、作品，作为同学们的课外学习。除此以外，不同年级之间也会有很多交流，每周在群里都会看到大一大二同学读书分享会的照片以及学习内容。导师经常鼓励低年级同学多向高年级同学学习、多参与、多问问题，所以大二大三大四同学常会主动形成互助互学小组，参与一些创新创业、"启明星"的项目。

每一个班级都有着不同的成长轨迹，都有着不同的集体体验。而所有的先进班级都有着共同的成长体验，那就是他们被"爱"包围，被班级向上向善的强大力量推动，他们团结互助，相互扶持。他们互为家人，彼此爱护。他们努力向上，向着阳光，一直走在更好的路上，熠熠发光。

第六章

科技活动视角下的育人工作实践

　　如果问我学生中哪个群体最充满活力、具有实干精神和富有创新思维，我会毫不犹豫选择参加科技活动的学生团体。起初是我们系学生陈同学引起了我对这个群体的关注。徜徉在校园中，我发现教学楼、宿舍楼、办公室门前及一些固定垃圾投放点多了一种经过特别设计用于专门回收快递塑料包装的垃圾箱，后来我了解到这是陈同学团队所做的"启明星"科技项目。陈同学在日常生活中观察到虽然国家在 2008 年实行"限塑令"，但是由于"网购"兴起，近些年来废弃的快递塑料包装数量激增，这对环境产生了很大污染和影响。他们依托于"启明星"科技活动，在老师的指导下组成了团队，在进行多次校园快递塑料包装循环使用实验的基础上，提出了校园快递塑料包装循环利用方案，其中包括在高校校园内设置永久性快递塑料袋回收箱。

　　陈同学和团队其他几名同学平时在学习生活中能够学用结合、知行合一，勤于学习、善于思考、勇于实践，总是精力充沛，斗志昂扬，这引起了我的思考。我好奇于在科技活动中表现突出的学生是否都具备这种特质，于是我开始留心观察这个群体。

　　近些年来学校和学院为了帮助学生树立创新意识、掌握创新方法、培养创新精神及提高创新能力，努力为学生搭建平台，鼓励学生积极参加各种科技活动。在学院一年一度的科技年会中我接触到了全院在科技活动中取得优秀成绩的学生群体，我发现他们身上有着相同的特质：富有新时代青年的担当意识和奉献精神，关心国家"脱贫攻坚""限塑令"及"绿色建筑"等政策动态，善于发现生活中的问题并以此为导向进行研究，能够学以致用，将所学的生物技术、制药工程及工程管理等知识应用到实际问题的解决中。他们精益求精，一遍遍修改自己的立项书。他们不畏艰险，远赴实地进行调查研究。他们精诚合作，收获了友情和成长。

为何这个群体能够在科技竞赛中取得佳绩？能够如此富有热情，在学习生活中能够一直呈现出阳光开朗的面貌、积极主动的态度及勇于挑战的意志呢？

马克思主义哲学认为事物的内因是事物自身运动的源泉和动力，是事物发展的根本原因。外因是事物发展、变化的第二位的原因。内因是变化的根据，外因是变化的条件，外因通过内因而起作用。学生在科技活动中能够取得佳绩并呈现出优秀的意志品质的内因和外因究竟是什么？内因和外因又是如何互相作用的呢？我想研究清楚这些问题，不仅能够从某种程度上对我们的创新教育带来更多的启发，而且这些在科技活动中表现突出的学生群体作为榜样的典范对其他学生也是一种朋辈间的激励。

我以在科技活动中取得佳绩的学生群体作为研究对象，这些学生思维活跃，非常具有创造性，所以打算采用更富有灵活性的半结构化访谈的研究方式。半结构化访谈（Semi-structured Interviews）指按照一个粗线条式的访谈提纲而进行的非正式访谈。访谈者可以根据访谈时的实际情况灵活地做出必要的调整，至于提问的方式和顺序、访谈对象回答的方式、访谈记录的方式和访谈的时间、地点等没有具体的要求，由访谈者根据情况灵活处理。

这种以访谈对象为中心的互动式交流，充分尊重访谈对象的感受，便于从学生视角出发，用访谈中的素材原汁原味地呈现出学生们在科技项目进行过程中的思考、成长与收获，这不是教育者的主观评价，而是学生主体的真情实感。除此之外，我在与这些"90后"甚至"00后"的10名学生团队主要负责人的沟通中，时常会碰撞出思维的火花，这有利于在遇到有价值信息时进行进一步挖掘，我想这就是访谈的魅力所在。

首先，我根据研究目的和要点，拟定初步的访谈提纲。

其次，我找到质性研究中访谈经验丰富的老师对提纲进行修订，确定访谈提纲，如下：

1. 你参加"启明星"科技活动的初衷是什么？

2. 最初团队是如何构建的？研究方向是如何确定的？

3. 在项目进行过程中都经历了什么？遇到了哪些困难和挑战？又是如何克服的？

4. 团队中发生过哪些令你印象深刻、备受感动的事情？

5. 通过本次启明星活动，请分享一下你有哪些感悟？

6. 请具体谈一谈在项目中有哪些收获？

最后，我以访谈提纲为基础，根据访谈情况灵活调整，对我院10位在2019年"启明星"科技活动中获得国家级立项的主要团队负责人进行一对一访谈，大一学生3名，大二学生4名，大三学生3名（因为"启明星"整个项目从立项到结项需要历时一年的时间，以他们最初参加立项时的年级为准）。其中2个团队依托于所学专业和导师相关科研成果所进行具有一定社会价值的创业项目，其余8个团队在老师的指导下，根据"限塑令""脱贫攻坚""绿色建筑""智慧建筑"及"绿水青山就是金山银山"等相关热点政策，结合现实生活中存在的现象和问题进行有一定社会价值的社会调研和社会科学研究。

在与这10个团队主要负责人的访谈过程中，我也挖掘了团队中很多有笑有泪的感人故事。我将这些访谈素材进行整理和归纳，按照"孤举者难起，众行者易趋"，"逢山开路，遇水架桥"，"博观而约取，厚积而薄发"与读者进行分享。

第一节　"孤举者难起，众行者易趋"

2015年4月22日，习近平总书记在亚非领导人会议上的讲话中提到："非洲有句谚语，'一根原木盖不起一幢房屋'。中国也有句古话，'孤举者难起，众行者易趋'。"

"孤举者难起，众行者易趋"出自清人魏源的《默觚·治篇八》。这句话的意思是说一个人把东西举起来很困难，但很多人一起赶路就容易走得快。习总书记在会议中引用此句古语旨在倡导国家之间要合作，亚非国家加强互利合作，能产生"一加一大于二"的积极效应。

孤掌难鸣，凡事亦如此，"启明星"创新创业项目虽然可以选择个人进行立项，但是团队可以保障整个项目从始至终地顺利进行。在确定研究方向时，团队有助于成员之间思维火花的碰撞，互相激发灵感；在项目进行过程中，有助于成员之间的分工合作，这让参与其中的学生能够感受到团队合作的力量和精神。

初衷即动机和目的，马克思在区别人的自觉活动和动物本能活动时，揭露出人的全部活动的目的性决定了人的活动是自觉的活动。动机是指内驱力的增强，以及与内驱力相联系的面向一定目标的行为驱向。它的形成离不开内在驱动力和外在的诱因。学习动机是推动学生学习的内在动因。学生在各种各样的动机驱使下产生学习行动。

在进行访谈过程中第一个涉及的问题就是"你参加'启明星'科技活动的初衷是什么？"，有6名学生具有较强的参与意识，渴望利用这个平台全面历练自我；有2名学生是在导师鼓励下决定进行参与；有1名学生主要受在此类活动中取得佳绩的优秀学长学姐影响；还有1名学生表示最开始只是想获得创新学分而进行尝试。虽然这10个团队主要参与者给出的答案不尽相同，但他们都提到了"导师"和"纵向班"的关键词。

2017级人力资源管理专业C同学说："我从步入大学校门以来，一直希望能够在大学期间，借助学校的平台，做些有意义的事情。我记得去年年底，在班群里看到了'启明星'项目的通知。我们腾鹰班一直有参加科技活动的传统，所以看到通知后，我们几个大一和大二参与意愿较强的同学就组成了团队。"

2018级人力资源管理专业L同学说："每年参加'启明星'科技活动已经成了我们昕阳班的传统。2018年12月班级群里发了'启明星'项目通知，那时候我是大一新生。我知道去年学姐的团队获得了'启明星'的国家级立项，从那时起不仅学姐成了我的榜样，'启明星'项目也在我的心中埋下种子。接到通知后，我仔细阅读，找到学姐询问了一下竞赛流程，我觉得这个项目非常有意义，我决定追随学姐的脚步，争取在活动中取得好的成绩。"

2018级工程管理专业S同学说："刚开始进入大学并不了解'启明星'，导师耐心地给我们几个大一新生讲解了这个项目的背景，简要地和我们介绍了往年学长学姐是怎么做的。我了解到这个项目不仅可以扩充自己的知识面、提升自身的综合能力，还可以为将来的毕业论文写作打下基础，我就打算锻炼一下自己。"

2016级生物工程专业C同学说："今年我大四了，去年参加'启明星'

活动时我大三。其实我认为大一、大二是参加学生活动最好的时机，但那时候因为参加出国交流学习项目而错失机会。大三在整个大学生涯里又是一个比较关键的时期，需要做出到底是考研还是就业等方面的抉择并做出相应的准备，而这个项目需要一年的周期，所以一开始接到通知时，我比较纠结。但另一方面我总觉得这是一个全方位锻炼自己的平台，如果这次不参加，等到大四就彻底没有机会了。我陷入了两难境地，实在不知道该怎么办，我把自己的矛盾心理和导师诉说，老师给了我很大鼓励。她建议我在团队组建阶段可以广泛吸纳大一大二的学弟学妹一起参与，在前期我可以利用自身已具备的知识和能力进行组织、协调和指导，而在后期我的时间和精力不足时，学弟学妹们在熟悉相关流程后也可以顶起'半边天'，这对低年级学生也是一次难得的历练机会。我觉得老师说得非常有道理，我也想给大学生涯画一个圆满的句号，于是就报名了。"

生物化学工程学院自 2009 年起开始实行导师制，2016 年开始实行以导师为核心的纵向班级制度。以"导师"为核心的纵向班集体相较于传统的横向班集体，有助于发挥导师对学生的导学、导研、导生活和导就业的职能作用，有助于促进不同年级学生之间进行沟通交流，形成思想碰撞，发挥朋辈之间的互帮互助作用，形成"以老带新"的传、帮、带制度。

很多学生会像生物工程专业 C 同学一样，在遇到问题与困惑时主动向导师倾诉、寻求帮助。导师在学习生活中是学生们的知心朋友，他们运用自己的经验、阅历和智慧给予学生建议，导师职责更是在培养学生学术思维和创新能力的科技创新活动中展现出了相关优势，从最初的选题到实施项目再到最后的结题报告，导师在整个"启明星"项目过程中给予学生全方位全过程的指导。

良好的纵向班级氛围不仅能够展现班级风貌，更重要的是能够润物细无声给予学生积极正向的影响。正如人力资源管理专业 C 同学和 L 同学所提到的，很多纵向班都有参加科技活动的传统。另外，纵向班级管理在促进学术管理和提高学生培养质量上优势明显，有利于不同年级学生之间的沟通与交流。陆同学参加"启明星"活动的原因除了受到班级传承的影响，还受到了高年级学姐的激励和鼓舞。这是一种效仿朋辈榜样所产生的力量，朋辈这一群体通常具备相近的年龄、价值观念、社会阅历、生活习惯、思维方式和兴趣爱好等，所以这一群体所形成的榜样相比于网络中和书上的榜样距离学生更近，也更易被效仿，而于榜样而言，也可以更好地发挥示范指导作用。

从学生参与项目的不同动机可以清晰反映出学生个体存在着明显差异。有些学生基础能力好但主观能动性不够强，而有些学生虽然基础薄弱，但是参加活动的意愿性强。在以导师为核心的纵向班中，导师更容易根据不同学生的特点，因材施教，实现学生个性化成长，从而提高教育的针对性和时效性。对主观能动性强但目前能力较为薄弱的学生，学院要积极提供平台，老师要给予一定的指导，而对主观能动性和内驱力不够强但本身具有一定能力的学生而言，导师鼓励和朋辈交流等外界环境影响显得更为重要。

学生在具备了初步的参与意向后，其中比较具有组织能力和领导力的"领头羊"就开始着手进行团队组建与确定研究方向，构建团队与确定研究内容看似是项目进行中的两个独立环节，实际上彼此相辅相成，互相促进。这10个团队中，其中3个团队在"启明星"创新创业项目前已有感兴趣的研究方向，或是依托导师相关研究成果，先确定了研究方向，再召集志同道合的队员进行组队。其余7个团队基本是接到通知后，由参与意愿较强的同学负责先组建好团队，在老师的指导下，他们根据热点政策结合生活中发现的问题，集思广益后再确定研究内容。

"启明星"创新项目要求有指导教师，可以是个人立项也可以是团队立项，原则上不超过5个人。在团队成员构成方面，这10个团队成员数量从2名同学到5名同学不等，其中7个团队都是由各自导师班中不同年级的学生构成的，呈现出高年级学生作为负责人，低年级学生作为中坚力量的团队构成模式。其余3个团队中，1个团队由2名大一新生构成，1个团队跨纵向班寻求志同道合的伙伴进行组队，1个团队由大一学生担任团队负责人、高年级学生作为主要参与人。在选择指导教师方面，除1个跨纵向班进行组建的团队外，剩余9个团队指导教师均为各自纵向班导师。

在确定研究方向与内容方面，其中4个团队学专融合，依托于导师的主要科研方向和科研成果。如生物技术专业W同学团队申请的小檗碱烟技制备工艺，是以G老师的植物源农药相关研究成果为基础对烟技进行的研究。制药工程专业的C同学团队足浴泡腾产品开发及其推广的创业项目主要依托于

H 老师的三项自主知识产权产品。工程管理专业的 F 同学团队在导师专攻的 BIM 技术中的理论与实操的研究领域中，对装配式建筑技术经济指标进行分析。4 个团队密切响应国家政策，对相关热点问题进行研究。陈同学团队针对国家"限塑令"及快递塑料包装对环境污染的问题对快递塑料包装进行分类回收的相关研究。T 同学团队在 2020 年全面建成小康社会的大背景下，结合脱贫攻坚及乡村振兴战略政策，对农民工返乡创业的扶贫效果进行调查和研究。还有 2 个学生团队以问题为导向，针对生活中存在的实际问题进行研究。如 C 同学团队针对小区内随处可见的宠物粪便进行研究和处理，S 同学团队发现农村水污染日益严重的问题，研究农户对北京农村水污染治理的参与意愿及影响因素。

C 同学："到底研究什么？在这个问题上，我们遇到了不小的挑战。当时我们都是大一、大二的学生，还没有掌握核心的专业知识，不打算开展本专业的相关研究。因为"人力资源管理"属于文科专业，我们也接触了一些相关的研究方法，所以我们大的研究方向定位于社会科学类的研究。那到底做哪方面的内容呢？我们一时陷入了困境，学妹提议可以出去随处走走，在生活中找寻灵感。我们走在垈头社区，边走边观察，看看能不能从现实生活当中发现一些我们身边比较棘手的问题。经过留心观察，我们发现无论是在路边还是在草丛中，都能看到无处不在的宠物粪便，这严重影响了社区的居住环境。现在很多人都会养狗，这就造成宠物粪便的处理问题日益突出，我们觉得这个研究内容非常新颖又贴合人们实际生活，而垈头社区就在学院附近，我们可以在课余时间随时随地进行调研和访谈，所以我们几个一拍即合，打算研究宠物粪便的处理。"

L 同学："刚开始在班群里看到'启明星'立项通知后，我找导师 W 老师聊了一下，大致了解到这个竞赛的流程是什么样的。后来团队负责人小 T 主动找到我，问我有没有想法一起组队参加这个项目，我欣然接受邀请。我们头脑风暴，把一些可能的想法都记录下来，结合国家政策、热点话题和自身专业等实际情况，综合考虑哪一个选题比较好发展，然后再向导师寻求建议。"

"近些年来国家在脱贫攻坚方面做了很多工作，我之前在老师带领下曾前往内蒙古奈曼旗参加过'乡村振兴，青年在行动'的暑期社会实践活动，这个活动给我留下了深刻的印象。那时候起我就在思考我们大学生能够为国家的脱贫攻坚工作做些什么？2020 年对国家整体发展来说是一个非常重要的时间节点，我们要全面脱贫。我和小 T 同学就想以此为契机，根据自己的能力研究一下贫困地区农民工返乡创业已取得的成果。甘肃省有多个贫困县，小 T 同学的老家在甘肃省陇南市徽县，2019 年 4 月脱贫，那里很多青年响应国家号召返乡创业，该县整体脱贫效果显著，我们想借助这个优势资源研究农民工返乡创业对当地整体脱贫工作的影响。"

"团队成员构成这块，后来也考虑到吸纳其他队员，但是我们这个题目已经定下来，找到的同学对题目的兴趣程度和主动性都不高，我们也担心强行凑人头反而起到不好的效果，造成团队凝聚力不足，项目无法进行，所以前期就是我们两个人一起。"

S 同学："我们团队一共 4 个同学，3 个大二的学长学姐，还有我一个大一的。因为我非常渴望锻炼自己，在最开始和导师交流时就表达了想参加'启明星'的强烈意愿。导师告诉我除我之外，还有 3 名大二的学长学姐参加，她鼓励我担任组长。说实话，我当时听到这话又惊喜又担心，惊喜的是我没想到导师如此信任我，能让我这个大一的'小白'担此重任，担心的也正是我刚刚入学，初次接触这个项目，害怕做不好，辜负导师和团队其他成员的期望，不过我最终还是决定挑战自己，担任了项目负责人。"

"一开始压力非常大，我不好意思去给学长学姐指派工作，关键是我也不知道该如何有效地分配手里的工作，所以很多活都在我手里压着，我一个人肯定是做不完的，也做不好，我实在是没有办法就去找了导师。导师打消了我的顾虑，鼓励我大家之所以能成为一个团队，就是为了将项目做好，大家一定会配合我的组织与管理。在老师的鼓励下，我开始组织团队会议，没想到学长学姐都很配合。之后大家在一起商讨团队的研究方向，我们首先仔细阅读了通知，上面写着项目可以是科技发明、新技术、新产品、新工艺，具有一定水平的自然科学和社会科学研究，具有一定价值的社会调查和创业项目，然后我们大家就进行头脑风暴，说出自己的想法。"

"轮到我发言的时候，我想到了农村的水污染。我本身住在平谷的农村，那里存在着较为严重的水污染现象，我们家附近有条快干涸的小河沟，水面

上漂浮着很多垃圾，而村里的村民对水污染的了解知之甚少，因为村里疏于管理，我经常看到村民将生活垃圾倒入河内，这种漠不关心环境的态度和做法对河流产生了污染，也对村民们的健康产生了很大的影响。所以我就想研究农村的水污染治理，Z老师听完我的发言后肯定了我的想法，她表示习总书记早在2005年的时候就提出了'绿水青山就是金山银山'的科学论断，现在环境问题是热点话题，还表扬了我能留心观察生活中存在的问题。其他团队成员也都赞同我的想法，他们认为我提议的研究方向既能解决一定的实际问题又具有可行性，还可以在实践过程中提升我们大学生自己关心环境、爱护环境的意识。在确定了大体研究方向聚焦具体研究内容的过程中，我们从知网上查阅了一些相关的研究材料，我们发现很多研究都是从政府、村镇以及环保部门等角度来研究的。对这些角度，我们团队没有相应的专业能力和资源去研究。导师启发我们，在一定程度上，农户既是农村水污染的制造者又是受害者，因为他们自身对水污染缺乏认识和了解，所以导致他们的一些日常行为某种程度上造成了河流的污染，这些污染又给村民身体健康带来一定的影响，何不尝试着从农户的角度来研究水污染治理呢？最终我们形成了'北京农村水污染治理的农户参与意愿及其他影响因素'的研究主题。"

W同学："我们导师G老师致力于研究小檗碱一系列剂型的植物源农药，它具有高效、低毒、低残的特性，在使用过程中对环境还有人体都是无害的。为了让我们及早发现自己感兴趣的研究方向、培养我们的科研创新能力，导师会给我们定期分享相关研究前沿的资讯以及她的一些研究项目，其中包括小檗碱的相关剂型，如缓释制剂，还有已经开发应用到北京平谷大桃的湿粉剂。我对小檗碱的烟雾剂型比较感兴趣，因为它在点燃后，以烟雾的形式可以均匀地释放，同时不会增加空间中的湿度。在我阅读文献后发现北方有很多温室和大棚病害的种类很多，危害程度也不一样。其中温、湿度是影响病害发生、发展的重要原因。在阴雨季节，温度过低，湿度过大都能造成病害的发展，这时烟雾剂就体现了相关优势。所以这次'启明星'项目，我打算进一步研究小檗碱的烟制剂。"

"在确定了相关研究方向后，我就开始组队。在老师的鼓励下，我们班历年来都积极踊跃地参加科技活动，今年也不例外，大一到大三的同学都参与了进来。大家根据各自感兴趣的研究方向自愿组队，有的小组两个人，有的小组三个人，我们小组是三个人，在组队这块没费什么精力。"

学生对访谈第二个问题"最初团队是如何构建的？研究方向是如何确定的？"的回答，可以展现出本科生导师制和以导师为核心的纵向班制在科技育人方面的明显优势，值得我们更加深入地思考。

不同于横向班，以导师为核心的纵向班不会随着学生的毕业而消失，相反，班级因每学年大一新生的注入而充满活力。这种混合不同年级学生的班级构成模式，在"启明星"活动团队构建中得以借鉴和体现，"众行者易趋"，这种老带新、强带弱的团队构成模式更加科学，能够促进高年级和低年级同学之间的交流、发挥朋辈之间的指导作用、延续传承班级的优秀传统，在团队中形成凝聚力。

导师是纵向班的核心与灵魂。本科生导师制不仅有利于激发学生参与活动的意识，而且也为选择指导教师、团队组建和确定研究方向和内容方面提供了有力平台。他们在日常育人中无时无刻不在发挥着"导学、导研、导生活和导就业"的作用。在"启明星"学生团队确定选题方向时，导师们会引导学生关注国家的热点政策、鼓励学生发现现实生活中存在的问题、启发学生进行思考、培养学生问题导向的思维模式。当学生遇到瓶颈时他们予以耐心点拨，在细化选题方向时学生们往往也能借助导师先前的研究成果和资源进一步推进项目。

第二节　"逢山开路，遇水架桥"

习总书记在 2018 年新年贺词中谈到改革开放时说："改革开放是当代中国发展进步的必由之路，是实现中国梦的必由之路。我们要以庆祝改革开放40 周年为契机，逢山开路，遇水架桥，将改革进行到底。"

这句话虽是句老话，但经习总书记再次强调，发人深思。将改革进行到底，要逢山开路，遇水架桥。那么，对"启明星"创新创业项目而言，"山"与"水"是学生项目实施中遇到的各种困难，这对学生来说既是挑战也是创新，"开"和"架"是学生面对困难与挑战时的态度与方法，这个过程可以让学生开动脑筋，调动一切资源，以问题为导向锻炼学生解决实际问题的能力。学生们在"开路"与"架桥"的过程中，还会收获一些温暖。

在大学生活中有很多第一次，第一次步入校园的兴奋与憧憬、第一次取得优秀成绩时的喜悦与激动，第一次挂科时的苦恼与沮丧。当然，参加"启明星"活动对绝大多数同学来说也是新鲜的第一次。关于万事之初，人们总是心存憧憬，往往对其中的艰难始料未及。

这10个团队都在项目进行过程中遇到了或大或小的挑战，如曹同学团队从最初的团队磨合，到撰写立项书时的文字表达遇到困难，再到问卷调查时的效率低下，不同阶段遇到了不同难题。L同学团队长途跋涉，远赴千里之外的甘肃陇南欠发达地区进行为期一个月的调研。S同学团队在调研北京农户参与水污染治理意愿时面对村民的曲解、非难和挑战。W同学团队在实验室中多次研究小檗碱烟剂配比时进展缓慢。但最终他们在导师的鼓励指导下，利用团队的力量、能调动的人脉资源和自身的智慧化解了重重困难，这个过程也历练了他们的心智、磨砺了他们的品格。

C同学说："我觉得我们的问题是阶段性的，起初是团队的磨合问题。虽然我们大家都是一个班的，之前也都认识，但真的在一起去做一件事的时候，每个人的想法都是不一样的，但是我们都特别坚持自己的想法，就都有一种想说服对方的冲动。在分配任务的时候，也难免会有人觉得说我这个问题是不是有点太难了，我这个问题是不是有点太简单了，我这要写的字数是不是太多了，虽然大家都没有特别明显地表现出来，但是大家心里都会多少有那么一点想法。陈老师发现我们前期工作进展缓慢，找到我询问原因。老师告诉我，既然我是团队负责人，那么我就有这个权利和义务去调节，老师好像看穿了我的心思，他让我不要碍于面子而去和稀泥，而要拿出项目负责人的角色去组织、协调整个团队。后来我召开了一次小组会议，明确告诉大家最终目标就是让我们的项目能取得好的结果，大家可以畅所欲言地表达自己的想法，但都要围绕这个目标去推进，我们是一个团队而不是分散的个体，无论采取谁的意见和建议，都是团队智慧的结晶。经过一段时间的相互磨合，大家都知道整个团队在一起就是为了推进这个项目，慢慢地，在沟通讨论之后可以统一不同的想法和意见。"

"在调研过程中我们也遇到了一些困难。我们项目组当时选择在垡头社区进行调研，一是社区离学院特别近，走路就能到，这方便我们课后随时去调研，二是之前也有一些学生社团和党支部在社区进行社会实践活动，所以学院和社区建立了比较好的联系。我们直接说明来意后，社区工作人员对我们都非常支持，还借给我们一张桌子，我们将它摆在人们进进出出的社区门口，方便我们进行调研。我们当时想着很多人可能不太会配合调研，所以我们还背着印有北京联合大学的帆布包，就想着他们一看这个知道我们是学生，应该能理解一下我们。有些人确实挺配合的，做完问卷后，他们愿意和我们聊天分享，包括自己一些关于宠物粪便处理的其他延伸想法。但大多数都比较排斥，有的可能觉得我们是骗子，说话也不太好听。有的不管你说什么，我就是不理你，就是不说话。还有的很客气地拒绝：'不好意思，我现在比较忙'，但是这种也还好，我们可以边跟着他，边问那些问题。因为问题都特别简单，没有涉及个人隐私，只是简单地统计数据，边走边问，我们就把选项给勾上，就这样第一天也只做了不到 10 份问卷，效率不高。"

"当天社区的一个姐姐找到我们，告诉我们社区过两天要举办一个青年歌友会，问我们能不能也来参加一下。她说我们几个唱一首歌就行，大家一起娱乐一下，我们就答应了。回到学校之后，我们就开始想唱什么歌比较好，苦思冥想了一阵，决定听听歌单找找灵感，正当我们试听各种流行歌曲时，C老师突然走进我们的讨论小屋。老师打趣我们还没什么实质性进展就开始听歌放松，我们赶快辩解，把事情原委说了一遍。C老师微微一笑，说：'你们得换个新花样，唱自己的歌不就得了吗？给自己整首歌，正好能宣传一下你们'。经过老师的点拨我们豁然开朗，当天晚上就自己根据 TFBOYS 的《宠爱》改编了一首《参与式治理之歌》，两天后我们在歌友会现场唱了我们自己的歌曲，当时现场气氛非常好。这样一来通过这种大家都很喜欢的方式，达到了宣传我们调研项目的目的，这比一板一眼简单地在公告栏贴通知效果好很多。我们再去社区的时候，有的居民就和我们打招呼，称赞我们唱的歌不错，还一些大爷大妈愿意和我们拉家常，问问我们学业情况。自然而然地，之后的调研过程就比较高效顺利了。"

L同学说："在项目进行中的困难可谓是一波未平一波又起，解决了一个又来一个，我们最大的难关主要是去甘肃调研的时候。我们去的是甘肃省陇南市贫困地区，一早也做好了吃苦的准备，想着能够去千里之外调研大家都特别兴奋，但后来还是发现实际调研过程远比想象中辛苦，最初的新鲜劲就被每天几个小时的山路给消耗没了。"

"甘肃省陇南市的徽县，风景地质比较像贵州、广西一带，沙土比较多。每到一个地方都要走十几公里或二三十公里的山路。当时有的路段通车，但是每天的舟车劳顿也非常辛苦。我们基本每天 8 点前出发，赶往创业者的厂房。当地土路很不平整，经常会有凹下去的坑或凸出来的石头，所以我们俩一直在车里被颠得上上下下，东倒西歪，也没办法补觉，还没进入访谈环节就被几个小时的山路折腾得很疲惫。访谈过程也不是那么顺利，当地人口音很重，交流时候有的话我根本听不懂，需要小 T 同学来翻译。用在路上的时间和交流的不畅，一天最多只能访谈两个人。"

"每天的体力跟精神消耗比想象中要大了很多。前两天回到住处我们还就当天的访谈再讨论一下。一周后，我们真的是叫苦连天，每天 7 点的闹钟就像魔咒一样，想着还有三个多星期的调研工作量，心都凉了一半。回到住处基本就是匆匆吃饭，就躺在床上一动不动，连说话的力气都没有，根本歇不过来。W 老师每天都关心我们在当地的情况，她知道我们的调研工作艰辛，给我们加油打气，让我们吃点好的，不用担心经费，回来她个人给我们报销，还说如果体力跟不上可以中途休息一两天，不用天天去调研。W 老师这么关心我们，让我们非常感动，我们想就是咬着牙也要把调研工作圆满完成。"

"调研过程费尽了周折，得到的资料和数据如何进行后期处理是面临的又一大问题，当时采集到了 10 段与返乡创业者的访谈录音，每段录音都在 3 个小时以上，开始我们是边听录音边打字，后来 W 老师告诉我们可以用软件将录音转化为文本，这样我们的工作量减少了一些。因为他们说话有口音，再加上周围环境有时候比较嘈杂，情况好的时候，3 万多字的内容能成功转 6000 多字，所以每一段录音我们都需要花费大量的时间去重听，再校对文稿，每一段的访谈内容大约 3 万字，这真的是一个非常大的工程。不过这还只是耗费时间和精力，像问卷数据处理这种涉及技术层面问题的时候，我们发现自己所掌握的知识和能力远远达不到项目进展所需，所以真的是边学边做，遇到难题，就先自己解决，解决不了再问 W 老师。大学里面很多课程的大作业都会涉及数据分析，但我们基本都是以发放电子问卷为主，让受访群体在手机上填写提交，后台就能够做一些简单的分析，导出结果就搞定了。我们这次的问卷不只是做简单的百分比分析，还需要做回归分析和线性分析，所以我们就需要用到 SPSS 软件，整个过程也是相当费力。我们之前没有学过 SPSS，小 C 同学和我们一起边学边做，先跟着教程自学了一遍，感觉自己差不多掌握了基本的操作，就试着导入数据做一些分析。但是当真正去做时就会发现很多问题，例如，我们问卷中一些文本数据的处理，包括什么时候该用回归分析、什么时候用线性分析，这些我们在看教程的时候似懂非懂。一到实际应用的时候就发现还是不懂，因为 W 老师平时在班里就教导我们'以问题为导向，遇到问题解决问题这个过程对我们的学习过程非常重要'，所以我们一开始硬着头皮去尝试着解决，从各个渠道查阅了 SPSS 数据分析的资料和案例，但是这些资料和案例和我们自己的项目核心数据处理需求不一致。小 C 同学开玩笑说：'数据还没处理好，头就秃了。'后来我们就去请教 W 老师，W 老师听说我们熬夜看了教程、查阅了很多资料，肯定了我们刻苦钻研的精神。W 老师在学校也教 SPSS 软件这门课，她结合我们的数据深入浅出地给我们讲解了一番，也就花费了一个小时左右的时间我们就彻底搞懂了，后面就能进行数据分析。这要是我们自己去一点点啃，可能一个星期甚至一个月都不能完全理解。"

S 同学说："因为我家就在平谷，所以我自告奋勇承担了所申报项目的问卷调查的工作。在这个过程中我还是遇到了很多困难。"

"人们的防范意识都很强，当我拿着问卷向他们表明我的想法时，有的农户冲我摆摆手扭头就走了，还有的把我当成骗子，我还记得被一个村民说'现在装成大学生模样的骗子也多咯'。当时听到这句话，又委屈又气愤，我还要走访其他 3 个不同的村镇，人生地不熟的，我不知道该怎么进行下去，真的不想做下去了，又怨自己非要大包大揽承担这么难的工作，越想越气。我有一搭无一搭地随便问问村民，有配合的我就追问一下调研问题，第一天基本就在消极怠工中度过了。晚上导师给我打电话询问我今天的调研成果，我既委屈又羞愧，委屈的是感觉不被村民信任，羞愧的是调研工作毫无进展，于是我把当天的情况和老师说了。老师安慰我，她不相信我遇到这么点困难就会打退堂鼓，还让我想想前期我们在撰写项目书时遇到困难不是也过来了？我又想到团队为了这个项目前期所倾注的心血，而且我们已经获得了国家级立项，无论如何都不能放弃。张老师帮我分析既然问题在于大家不相信你、

不配合你,那么你只要解决了这个问题就可以了,老师提议可以借助村委会的力量,我突然想到我的一个远房亲戚就是这个村的。第二天请这位亲戚带我去找到村委会的负责人,拿出了我的学生证,请他们给我作证明,书记帮我在村子里用大喇叭广播了三遍,这在很大程度上打消了村民的担心。为了拉近与农户之间的距离,我用平谷方言和他们沟通交流,很多村民都是小学或初中毕业,知识水平不高,对一部分调查问卷的题目他们理解起来有难度,不了解塑料地膜一类的塑料垃圾不会自行降解,我都会耐心给他们讲解。果然办法总比困难多,发放500份问卷,收回了280份有效问卷,这个结果我还是比较满意的。"

W同学说:"我觉得项目进行的过程就好比游戏一级一级地闯关,我们第一关就卡在了查阅文献资料上。最开始我们只是对小檗碱这种植物源农药和烟剂剂型感兴趣,并不了解如何提取小檗碱以及制备烟剂的工艺,所以我们在前期需要查阅大量的相关文献为之后的项目研究做准备。我们文献课是这学期刚上的,项目进行时,我们就是在知网首页里打上'小檗碱'或者是'烟剂'的字词进行搜索,那时候都不太会在知网里使用高级搜索功能、不会筛选优质核心期刊的文献,也不知道区分关键词、主题和作者搜索主题。所以前期我们下载的论文质量不高,后来发现问题后就一直请教纵向班的学长和学姐,积累了很多高质量的文献资料。"

"我们遇到最难的一关就是解决实验中遇到的很多问题,包括小檗碱在燃烧时容易烧焦、根据文献选择的燃料和助燃剂达不到良好的燃烧效果和助燃作用。最初我们开始选用的是95%的小檗碱粉剂,粉剂就是把小檗碱给磨碎成粉,但是它熔点比较低,在点燃的时候就会出现烧糊,甚至烧焦的问题。我们查阅了大量资料,尝试使用水提法和醇提法进行提纯,再浸泡烟丝,我们发现这样可以得到小檗碱的有效成分,从而提高了熔点,就解决了这一问题。"

"在进行单因素实验时,我们发现目前已经广泛使用的以蔗糖为主的燃料和以硝酸钾为主的助燃剂,在点燃过程中助燃作用和燃烧效果都不是很理想,甚至有些都起不到效果。我们与导师沟通这些问题,她非常耐心地倾听我们的困惑,对我们能够及时发现问题也给予了肯定,不过老师并没有直接告诉我们答案,而是鼓励我们从实验数据中去发现去探索。我们先尝试着提高它们的浓度，发现它们的点燃效果和助燃作用并没有得到很好的提高。这条路走不通，我们就开始讨论换掉最开始选的助燃剂和燃料。那时候虽然课比较多大家也都比较忙，但是我们还是挤出时间去查阅文献寻找最佳的替代方案，经过单因素分析，再进行多次的对比实验，最后我们的燃料改为活性炭，助燃剂改为高锰酸钾。"

"经过单因素实验，我们选用正交实验研究制剂处方中底物、燃料和助燃剂的各个成分的浓度配比，来达到一个最佳的发烟效果。实验目标是烟剂在大棚里燃烧的时候只起烟雾，不要出现明火。经过三种正交实验，我们设计的各个浓度配方整体效果不是很好，都达不到预期效果，这就让我们很困惑。在实验快结束的时候，我们请教了 G 老师，她建议我们可以把助燃剂的高锰酸钾提高到 50% 到 60% 之间。果不其然，我们发现这样可以起到很好的发烟效果，这是在正交实验表里根本看不到的，所以如果没有老师关键时刻的点拨，我们还得探索很长时间，最终我们研究出来了小檗碱烟剂的制备工艺。"

当代大学生在瞬息万变的多元化时代面临众多的压力、冲击和挑战，如果没有正确的逆商素养，在面对困难的时候就容易陷入极端，从而走向悲剧。所以学生们不仅要学习知识提高自己的智商、提高沟通表达能力、强化自己的情商，还要学会面对挫折、具有摆脱困境和超越困难的能力，也就是提升自己的逆商。学校培养学生的逆商就是培养学生科学认识理想与现实的矛盾、正确处理顺境与逆境关系的能力，培养大学生高度的责任感、坚强的意志力、坚定的自信心和良好的自主性。

"启明星"创新创业项目对学生来说不仅是一次实践锻炼，更是一次历练心性、磨砺品格和提高逆商的机会。不仅增长了学生们的才干，而且让学生们明白所有事情都不可能是一帆风顺的，困难、挫折和挑战是人生的必修课，小到"启明星"项目，大到整个人生历程都充满荆棘与挑战。

世界因人的头脑和精神差异而相应不同，学生所体验的一切都沾染了个人色彩，这种看待事物的观点直接决定着学生对困难和挑战的看法，是迎难而上，逢山开路，遇水架桥，化挑战和困难为无穷的动力？还是退却，将困难视作层层阻碍？这一部分取决于学生自身的主观能动性与意志力，但更多的是导师在他们遇到困难时，对他们的不断鼓励、情绪上的安抚、对项目尽心尽力地指导以及不同年级团队成员之间的互相勉励，这些因素最终转化为他们前行的动力。有的学生在遇到困难之初，难免会产生退却、沮丧、想放弃的情绪，但经过导师的鼓励和恰当的指导、团队成员之间的相互鼓舞后，他们能够重新燃起希望、鼓起勇气、直面困难、寻找办法并找到出路。C同学团队如果没有导师启发他们创作歌曲，他们很难拉近与社民之间的距离并提高访谈效率，这首歌在最终的答辩环节也成为点睛之笔。L同学团队如果没有导师的支持，他们很难经过千里之外的长途跋涉后，还能在调研过程中克服重重难关、保持初心。S同学团队如果没有导师的鼓励和引导，他们很难在调研时面对村民的误解后，还能进行自我心理建设和反思，调整话术和策略，最终圆满完成任务。W同学团队在发现理论和实践之间存在的差距后，即使经过无数次单因素实验和正交实验，如果没有导师营造出的交互式开放环境和对关键问题的点播，他们也很难研究出小檗碱烟剂的制备工艺。

在"启明星"创新创业项目中的挑战与历练是对他们逆商的一种提高，达到这种提高其中的一个必要条件就是指导老师，也就是绝大多数的导师在学生遇到挑战时给予的鼓励和指导。这种经历慢慢在他们的身体里孕育生长出一种坚韧的力量，相信这股力量将会在他们今后的人生中帮助他们完成一次次蜕变。

在与这10个团队访谈过程中，谈到项目进展过程一年中遇到的感人故事，特别是与导师相处的感人细节时，他们眼泛泪光。我很有幸他们与我分享了这温暖与感动并存的瞬间，这种瞬间存在于C老师陪着C同学团队熬了一夜又一夜，即使眼睛干涩，也要逐字逐句和同学们共同修改立项书；存在于W老师对L同学团队严慈相济的教学理念和严谨的治学态度；存在于即使G老师身处国外存在时差，凌晨3点也要第一时间接听W同学电话，为学生解决实验中的困惑；存在于这些不同年级同学构成的团队之间的互帮互助和彼此之间同甘共苦的情谊。

C同学说：""启明星"活动中让我印象特别深刻的就是导师对我们的帮助。当时为了冲刺"致用杯"，C老师陪我们连续熬了好几夜去修改结项书，我们年轻还好，缓缓就行了。但C老师眼睛特别干涩，强忍着睁一会儿就流眼泪，只能一直点眼药水，最后感觉老师点眼药水也不起作用，眼睛里全是血丝。熬到第四个晚上 C 老师眼睛干涩完全睁不开了，根本没法睁眼看我们的文本。我们都劝老师回去歇歇，但当时时间很紧，第二天中午系统就要关闭了，老师不肯去休息，然后老师就让我们念一句，他听一句，如果老师觉得我们内容和表达可以就继续念下一句，不行的话我们就先标注出来，最后统一修改，再把这些改过的内容给老师念一遍，一遍遍打磨，直到最终老师听不出什么问题了。我们真的特别感动，很心疼老师，暗自下决心，'致用杯'能过初赛，我们一定好好表现，不辜负老师的付出。"

"在老师的悉心指导和我们的不懈努力下，我们最终真的入围'致用杯'决赛，在参加答辩的前两天晚上 10 点左右，我们把给评委用的所有报告、易拉宝和各种东西都已打印出来准备好。在比赛答辩的头一天晚上，老师看到我们准备好的材料，随手拿起一本开始翻看，我们看到老师的脸色越来越不对劲，C 老师眉头紧蹙地和我们说，'打印出来的材料你们看过没有？'我们一边没有底气地说看过了，一边拿过一本材料开始看。看了半天，我们都没发现任何问题，C 老师脸色阴郁很生气，给我们指了一下页边距，我们才看出来问题。可能打印过程中纸张没有放正，整个文本是歪的，不在正中间，包括页眉页脚，而页码的数字又特别小。这种细节 C 老师一眼就瞅出来了，而我们却这么粗心。因为他原来和我们说过不怕我们能力不足，就怕我们不够努力不够细心，我当时就紧张极了，心脏怦怦地跳，不敢说话。虽然时间很紧，但是我们也觉得这个问题太严重了，C 老师说这样会给评委老师留下特别不好的印象，必须改。那时候已经半夜 12 点多了，我赶紧给打印店老板打电话，因为很多材料需要胶装比较费时间，最后老板连夜帮我们改好。如果没有 C 老师的提点，我们的答辩效果肯定会大打折扣。"

L 同学说："W 老师可谓博我以文，约我以礼，在平时她和我们交流时，不只简单地告诉我们要'多看书、多思考、多交流'，而且告诉我们应该怎么具体去做，读什么书，怎么去思考，还为我们营造良好的交流氛围。她不仅人格魅力强大，有着一丝不苟的学术精神，也严格要求我们对待学术要严谨。我们当时从甘肃调研回来，虽然当时已经尽全力，但是还是有几份问卷不符合标准，这样达不到我们想要的样本量。我们打算自己编造十份问卷，把想法告诉了导师，W 老师狠狠批评了我们，她告诉我们虽然这个社会过分注重物质欲望，很浮躁，但是学术研究是一条很纯粹无法走捷径的路，容不得半点儿造假。W老师告诉我们以后如果想做学术研究要从本科起就培养学术诚信的意识。她让我们想办法联系当地返乡创业的农民工，做电话访谈，虽然沟通起来非常费力，但这个过程让我们明白了人无信则不立的道理。导师的严谨认真体现在方方面面，在给我们改立项书时，逐字逐句地修改，小到一句话该用逗号还是句号，这两个标点符号不仅反映两种截然不同的意思，更是为我在标点符号的正确使用上敲响了警钟，给我留下了深刻印象。"

W同学说："当时我们在研究小檗碱的时候，绞尽脑汁，实在不知道该如何优化实验程序，用什么助燃剂能起到好的实验效果，我们就给导师打电话，电话接通了能听出老师的声音有些沙哑，我感觉老师刚睡醒，那一刻突然想起来老师一周前和我们说这两天要去美国交流学习，实验的事让我们废寝忘食，谁都没想起来G老师现在在美国。当地时间也就是凌晨3点的样子，我赶紧和老师道歉，让老师先好好睡觉，老师说你们给我打电话，肯定是遇到难题了，你们不用管我，我给你们解决完了才能睡得踏实。我听到老师这么说，很愧疚打扰老师休息，把问题简明扼要地说了一下，老师耐心地倾听，并没有为了快点儿挂电话而直接告诉我们答案，而是询问我们的想法，做了哪些实验流程，遇到哪些问题，有没有进行新的尝试，那天老师和我们说了1个小时15分钟，我记得特别清楚。"

正如C同学所说的"没有导师陪我们熬的夜，就没有我们的成功"。导师的指导和关怀就像黑夜里的一盏明灯，不仅为困惑中的学生指引了方向，还温暖了学生们的心灵。在阅读和修改学生立项书时，C老师陪学生们熬夜，通过让学生们不断地修改文本，培养学生吃苦耐劳、不轻易放弃研究工作中遇到的问题，敦促学生学会分析矛盾和重视实践，培养学生刻意创新和追求完美的治学态度。当同学们想走捷径，模糊处理数据时，W老师一句"学术科研绝不允许掺假"，这种严谨的治学态度让学生们明白学术道路没有捷径可走。在同学们遇到困难时，G老师凌晨3点也要第一时间为学生们解决问题的敬业精神，必将深深地刻印在W同学心里，相信她在今后的工作中也会秉承爱岗敬业的精神。

由此可见，本科生导师制增加了学生与老师接触的频次和深度，弥补了现存本科生接触老师多但接触时间短的客观短板。在深入的接触中，学生们更容易受到导师们学高为师，身正为范，心诚为友，与生共勉优秀品格的影响。"启明星"创新创业项目进一步促进了师生之间的交流，加深了师生之间的互动关系，增进师生之间的密切度，从而达到师生共进、情感交融、学术有成的目的。

第三节　"博观而约取，厚积而薄发"

2014 年 9 月 18 日，习总书记在印度世界事务委员会的演讲中说："中华民族历来注重学习，强调'博观而约取，厚积而薄发'，强调'三人行，必有我师焉。择其善者而从之，其不善者而改之'，提倡'博学之，审问之，慎思之，明辨之，笃行之'。中华民族之所以历经数千年而生生不息，正是得益于这种见贤思齐、海纳百川的学习精神。"

"博观而约取，厚积而薄发"出自苏轼《稼说送张琥》一文。博观就是一个通过学习广泛积累的过程，约取则是在博观中取其精华弃其糟粕的过程。厚积就是一个深厚积累的过程，薄发则是在厚积的基础上慢慢释放的过程。

学生们在这一年的"启明星"科技创新创业活动过程中可谓是"博观而约取，厚积而薄发"，"博观"和"厚积"是在确定研究主题前对信息的广泛搜集和对知识的积累以及实施项目前的人力和物力的准备，只有准备充足才能"约取"和"薄发"，才能在项目中有所收获。

这 10 个团队的同学在一年的"启明星"科技活动中磨砺、感悟和成长。他们身上有一股韧劲儿，正是这股韧劲儿使他们能够耐得住孤独，在实验室中一遍遍地研究产品配比，能够强忍疲倦修改立项书和结项书到深夜，能够不远千里去调查研究，这个过程强化了他们原有的品质。他们也很幸运，能够遇到耐心负责的老师为他们随时答疑解惑，能够遇到志同道合的队友，在面对困难时不抛弃、不放弃，一起并肩作战！

C 同学说："当时我们为了想研究什么，去垡头社区找领导，发现了随处可见的宠物粪便，大大破坏了社区的整体环境，所以打算研究宠物粪便的处理方法。随着课题的深入，我们越发肯定了我们研究内容的意义。近些年来提倡构建和谐美丽的社区，没有做这个研究之前，我想不到能为社区做些什

么来改善一些老旧社区整体的环境。现在我找到了答案，我们可以从破坏环境的小因素切入，发挥自己的聪明才智去调查、研究、制定可行性方案，这也让我肯定了本科生的研究也可以用于实处，大有可为。"

L同学说："在访谈过程中农民工创业者陈哥给我留下了深刻的印象，他皮肤黝黑但眼神很坚毅，努力又聪明。他说但凡当时家庭条件好些，再接受多一点的教育，他也绝不会去打工，但是现实是他不得不背井离乡成为一名农民工。无论干什么工作他都不会辜负证明自己的机会，凡是以卖力气能吃饭的行当他几乎都做过，在谋生的过程中他也能证明自己的能力与聪明。这些年陈哥通过四处打工积攒了一些本钱和资源，用他的话说，打工总不是长久之计，以后年纪越来越大，身体也不会那么结实了，再加上孩子高考还要回来读书，赶上国家的好政策，就要积极响应，回乡创业总是能多一些变化与机会。"

"虽然我一直知道祖国还有一些偏远山区，那里的生活还是非常困难的，但是如果没有这次调研的亲身经历，还是难以相信不是所有人都能走得出大山，上得起大学。没有对比就没有这种切身的感受。现在想想，我们有些同学还经常抱怨食堂的菜不好吃、宿舍的空间不够大、老师讲的课太难，真是不应该，我们应该在这伟大的新时代不负韶华，像陈哥一样，不断充实自己，找到人生的方向。"

W同学说："通过这次'启明星'活动，我明白了科学研究的精髓就是创新。对本科生来说，最好的创新方式就是创造性地借鉴，也就是对以往研究成果的吸收、消化和再创造。在小檗碱烟雾剂的研究中我们始终以'做别人没有做过的工作'为指导，查阅大量相关文献，将小檗碱制剂的其他制备方法借鉴到本领域而尝试了许多新的实验方法。虽然大多以失败告终，但是在导师的指导下，通过团队的不断摸索，最终还是找到了问题的解决方法。科研就是一个创新加探索的过程，有创新，有恒心，多思考，才能在科研的道路上越走越远。"

通过"启明星"活动，他们感悟颇多，难能可贵的是这些体会是他们自己在亲身实践中的某段经历或细节触动了内心深处，使他们产生的思考和感悟，促使他们完成思想上的蜕变和价值观的重建。通过远赴千里调研看到返乡农民工创业初期的艰难但仍不放弃，他们感受到生活虽然不易，但也要努力向前看。通过对宠物粪便处理形式的研究，他们体会到美丽城市建设需要从身边做起。通过无数次的实验终于得出烟雾剂的配比，他们明白了"成功就是百分之一的灵感加上百分之九十九的汗水"，这些都是他们通过本次活动亲身的感悟。

这10个团队的同学身上有很强的使命感，关心国家脱贫攻坚战，希望做实事，切实推动社会发展和国家进步。他们具备敏锐的洞察能力，能够察觉到身边宠物粪便和快递塑料包装的问题，并以此为导向进行研究。在这一年里，他们勇于将自己的想法和理念付诸实践，回望一年千辛万苦的经历，身体上的疲劳体现在熬夜修改项目书、泡在实验室研究配比、远赴甘肃等地实地调研；心理上的痛苦体现在无数次遇到苦难时想放弃、汇报方案时的焦虑、远在异乡的忐忑和等待立项结果时的焦灼不安。但一年的艰辛付出也让他们获益良多，掌握了 SPSS 软件的使用方法和论文撰写的方法与技巧，这是一种知识上和技能上的收获。在调研过程中遇到不理解时的愤怒，到现在"想来采访时人们的不理解和排斥是再正常不过的一件事情"的平和心态，这是一种心态上的成长，这些都成就了他们今天更好的自己。

L 同学说："首先能把项目顺利结题，这给我带来一种从未有过的兴奋感、成就感和满足感。也许比喻不太恰当，这种感觉就像小时候玩一款叫作'超级玛丽'的游戏，玩到通关时特别有成就的感觉，又带着结束高考后那种如释重负的心情。"

"最开始立项时，我想结题离我太遥远了，当时没有那么多的信心能把这个项目做好，现在回过头来看，从最开始的团队组建、选定研究方向再到最后的顺利结题，其实一年也就这么过来了。大学能够接触到这种国家级科技立项对我们来说是一种比较难得的机会和平台，一年中我们团队做了很多事情，开过数不清的小组会议讨论我们的项目，去过甘肃当地对返乡创业的农民工进行实地调研，学习 SPSS 软件对访谈数据进行分析再到最后形成学术型的文字报告，我们战胜了种种困难，无论是最开始的两个人还是后来新加入的成员，从始至终都是非常用心地在做这个项目。"

"这个过程中，我个人也收获了很多，包括与人打交道的沟通、协调能力，比如调研时候的访谈技巧，我现在也成长为一个'高情商'会聊天的人了，这些是我在老师的指导下以及访谈过程中一点点通过实践总结出来的。我还学到了很多相关的技术，包括如何录制和剪辑视频，如果不是因为这个项目，我想我可能不会去学也学不会这些软件。"

"虽然很多同学都参加了'启明星'和'挑战杯'的项目，但国家级立项寥寥无几，现在我们在其他同学眼里已经是比较厉害的存在了，也得到了其他同学的认可，他们在遇到论文、文章和表格格式相关问题的时候，总会来寻求我的帮助，他们认为我有这个能力。"

"除此之外，我觉得最宝贵的一个收获就是我的眼界开阔了，在参赛过程中我认识了很多优秀的团队，见识到了很多更好的作品，感觉我们团队做得相较于这些优秀团队，还有很大差距，还有很多可提高的空间。我们团队的一个短板就是成员较少，这就造成在分工时摊在每个人身上的工作量比较大，不过值得欣慰的是，我们团队凝聚力非常强，我们这三个人也是积极性非常高的，都想一心一意地把项目做好，所以每个人得到的锻炼也是极大的，我相信以后再有类似的项目，我们一定能做得更好。"

C 同学说："在这个过程中我们的收获还是非常多的。我们对所学的制药工程专业有了更深刻的理解，我们专业需要做实验的课程有很多，但是之前我们没有从头到尾设计过一次实验，基本都是按照课本上的步骤进行操作，先加什么试剂后加什么试剂，完全没有自己探索的过程。这次我们为了研究足浴泡腾产品的配方和工艺流程一直坚守在实验室里，实验过程枯燥而漫长，我们遇到了很多困难，不断调整实验方法、不断克服遇到的各种困难，我们切身体会到了真正的科研精神并磨炼了我们严谨的态度。这个过程小到对我们发表文章或写毕业论文，大到对我们以后无论是想继续进行研究性学习还是今后从事的工作都是难得的历练。如果我们因为一点困难就放弃，这对我们今后个人和专业素养的成长都是不利的。"

"于我个人方面，锻炼了系统性思维。原来考虑问题比较片面，现在作为项目负责人，我要考虑到项目中的方方面面和每个环节之间的联系。从创业过程中的市场调研，到起草项目书再到实验研究我们核心产品的配比，当纷杂无序的事物向我涌来的时候，我学会了厘清事物之间的联系，学会抓住事物的主要矛盾并做出正确的分工和决策。除此之外，还挑战了自我、突破了自我。我是那种偏内向的性格，再加上工科的学习背景，本身不是很健谈，在学校的时候也尽可能避免在人前公开发表观点和进行展示。这次项目使我不得不锻炼自己的语言表达和沟通能力。在去向评委汇报的时候，我非常紧张，担心项目毁在我手里，导师安慰我谁都有第一次，还教给我小妙招：把评委当成班上的同学，在答辩时我果真不是那么紧张了。在产品宣传阶段，需要我给中小学生进行足浴泡腾产品的科普，当时我做了很大的心理建设和准备，但当讲台下那么多双眼睛看着的时候我还是非常紧张，后来过了一会儿才慢慢地放松下来，发现自己原来也可以用自己学过的知识去影响他人，这让我很自豪。这些尝试和经历让我勇敢了很多，自信了很多。"

"一分耕耘一分收获，这个项目能够获得国家级立项从头到尾都凝聚了我们团队的心血，我们很有成就感！我也相信今后无论是我们团队还是其中的个人都会不断勇攀高峰，不断挑战自我。"

Z同学说："当时参与项目时我是一名大一新生，通过'启明星'项目让我在专业知识方面确确实实提高了不少，我了解了什么是装配式建筑、它在国内的发展现状和前景，以及后期如何做经济指标分析。按照学校课程设置，我可能在大二、大三才会有所涉及这些知识，而这次在老师指导下，跟着学长和学姐一起去学习、去实践，让我能一开始就有机会接触依托于实际项目的专业知识，我觉得这对我今后的专业学习意义是非常深远的。"

"我明白了一个团队的真正内核是什么，一个团队只有学会团结合作，学会互相鼓励和帮助才能够称为一个团队，大家奔着一个目标而努力，让我感受到了'众志成城'的含义。我相信这不仅是我个人的收获，也是我们团队的收获。"

"2020年我又一次报名了'启明星'项目，不同的是2019年我是作为一名合作者而2020年成了项目负责人，这种在团队中角色的转变也带给了我很多思考和成长。原来作为一名合作者，我只需要听负责人的指挥，把分配给自己的那部分任务尽力做好就可以了，当在知识和技术层面遇到难题时，我可以向学长和学姐去请教。但当我自己作为项目负责人时，我自己的专业知识要过硬，不然不足以服众，更重要的是我要时刻思考如何能带好一个团队，首先团队的人能不能聚起来？聚起来以后，我要怎么去领导？怎么去管理？怎么去分配任务？最终将团队形成一个分工明确、能够高效完成分配任务的工程流水线，推动项目一步步走向成功。我相信自己会将2019年'启明星'项目中的宝贵经验和团队精神贯穿和传承下去，我也相信自己可以像付学长一样带领好我的团队，在立项中获得佳绩！"

这10个团队在学校、学院的平台，在导师的指导和朋辈的互帮互助下，在实践中感悟，在奉献中成长，他们"博观而约取，厚积而薄发"，在"启明星"创新创业活动中创造了佳绩。他们收获了对创新精神的追求、对真知真理的尊重、对现实生活的观察和对弱势群体的体恤关注，这个过程锻炼了学生系统的思维方式，开拓了他们看待事物的角度，对他们整体精神进行了架构和重塑。如L同学远赴甘肃对返乡创业农民工进行调研访谈，这些返乡农民工的音容笑貌和他们面对生活中遇到的一道道难题时所展现的坚韧而又乐观的精神已经深深烙印在L同学的心中，这对他来说又何尝不是一种收获和成长呢？

与这10个团队主要负责人访谈过后，我内心久久不能平静，被他们身上的那种坚韧的品质和拼搏的精神感染。我既欣喜于他们的收获，又感动于他们的成长，对最初的困惑，我也寻找到了答案。

他们身上那种精力充沛、斗志昂扬和顽强拼搏的状态可以归结于马克思主义哲学中的内因与外因，如果客观事物真要发挥出什么作用的话，无论其作用如何，永远都是首先通过主体才能发挥作用，内因源于他们自身具有很强的内驱力。外因总结为导师的指导与帮助、学校学院的平台与资源以及以导师为核心的纵向班朋辈的协作与激励，在这些外在因素的影响下，他们在整个"启明星"项目中的历练从某种程度上激发强化了他们的内在优秀品质，锻炼了他们的能力，而这些不屈不挠、专注、敢于挑战的优良品格又使他们能够顺利完成项目。

马克思主义人学理论指出，在实现人的解放和全面发展的同时，也要兼顾人的个性发展。生物化学工程学院近些年一直在完善和落实以导师为核心的纵向班制度，并积极为学生搭建各种实践平台和提供各种资源，鼓励学生参加"启明星""致用杯"等科技活动，大力组织学院内部的科技竞赛、举办科技嘉年华等活动，在实践中培养学生的能动性、创造性和主体性，从而实现学生的个性化成长。

"启明星"创新创业项目可以看作是教育者和受教育者的一种共同交往的社会实践活动，它是按照教育目标要求组织起来，在教育者指导下进行的，能够使学生在自然、真实的环境中运用到新学到的知识与技能，因此是组织严密、目的明确、计划性强、富有影响的活动与交往方式。从访谈中可以得知90%的指导老师为学生的导师，他们与学生在互动的过程中是平等的，都是具有主观能动性的主体。从访谈中可以看出导师在指导学生的过程中会认真倾听学生的想法，充分尊重学生的意见，营造启发式和开放式的沟通交流氛围，给学生建议但不决断。

导师与学生之间的良性互动交往有利于导师精准把握学生的个性差异，从而在指导时选择相应的方式和合适的载体。有的学生天生就是一块优质原材料，好的导师于他们而言就像一味催化剂，让他们的人生产生了"美妙的化学反应"；有的学生则像一块细待雕琢的璞玉，他们本身裹着一层包浆，暂时掩盖了他们本身的光芒，好的导师就像一名工匠，他们细细打磨着这些"顽石"，将他们细细雕琢成美玉。在"启明星"创新创业项目中，导师基于对学生性格和动机水平的精准把握，采取不同的激励手段，大大提高了教育的针对性和时效性。

在性格方面，有的学生内敛沉稳，导师采用肯定、表扬和正面反馈等方式去鼓励学生，逐步培养学生自信的品质，正如 W 同学提到"导师了解我比较内向，所以即使我自知完成得不够出色，老师依然鼓励我。"有的学生性格开朗但自控能力较差，导师就会对他们严格要求，经常性地督促他们，指出他们的不足。

在动机水平方面，不同学生的差异也很大。有的学生自身内在动机较强，而有的学生则需要外在动机的刺激。为了在项目进行的每个环节上都激发学生的动机，导师会全面分析学生的需求、兴趣和学习基础等特征。主要从三个方面激发学生的内驱力：首先利用活动与交往，激发学生的内在动机，调动其积极性；其次运用表扬、正面反馈和合理愿景来提供强化手段，增强学生的外在动机；最后利用以导师为核心的纵向班的班级文化，来增强学生的组织归属感，从而使学生内心产生集体荣誉感和强烈的责任感，调动自身的内部驱动力从而形成自我激励。

除此之外，导师与学生之间的良性互动交往，还有利于学生在增长知识的同时，能够自主接受教育者传递的思想道德，并通过自身思想矛盾运动形成正确的思想观念和道德意识。如学生感受到导师一丝不苟的学术精神、全身心投入的工作态度，这将对他们人格的成长起到重要的作用。

以导师为核心的纵向班是由大一到大四年级的学生构成的，他们整体年龄相近，关注的热点相似，具有相似的价值判断标准、生活方式和理念。高年级学生身上那种奋发进取、自立自强的精神，真实可信的成长经历，已经取得的骄人成绩，更容易激励低年级学生的进取心和自信心，从而发挥高年级学生的榜样引导作用。在帮助低年级学生的过程中也能实现他们的自我价值。低年级学生初生牛犊不怕虎，思维更加活跃，为整个班级注入新鲜活力，由此可见，纵向班更容易发挥朋辈教育作用。

朋辈之间互相的影响和教育是对师生之间教育的一种补充，它实际上是一种学生自我教育的过程。朋辈之间的交流更加简单化和日常化，更能肯定学生的主体化地位，由于他们同吃同住，可以随时随地进行交流，在这个过程中，原来已经内化的思想认识和行为规范自然而然进行重新调整融合。

"启明星"创新创业项目中，不同年级学生组成的团队是纵向班集体的一个缩影，本来已经在纵向班级中熟稔的他们，通过此次"启明星"活动又加强了他们彼此之间的友情。他们以本次任务为导向，目标清晰、责任明确、互补协作，团队中沿袭了班级中优秀文化，核心是共同奉献。在项目之初，他们根据各自能力进行合理分工。项目进行过程中，他们发挥朋辈督导作用，互相督促，保证能够准时完成项目的各个环节。在项目遇到困难时，他们从情感上互相扶持、互相激励。

后 记

　　为了探寻和运用三全育人的方法和规律，及时总结三全育人的成效，持续深入推进三全育人工作，学院党委拟将近几年在三全育人工作中形成的认识，工作的好做法、好经验进行总结。由学院学生处牵头，组织辅导员积极走访学院领导、导师和学生，收集近几年来的学院工作总结、评优以及有关项目的资料等，经过编委会成员多次研讨、修改，最终形成此书。特别让人感动的是，学院导师和学生积极配合、积极参与，把自己工作的经验和在工作中的独到见解与方法毫无保留地进行分享，为本书贡献了自己的智慧。

　　在本书的编写过程中，老师们多次研讨、交流加深了广大教师对三全育人的认识，提升了育人实践的自觉，形成了三全育人的氛围。通过本书的编写也发现了我院在三全育人实践中存在的不足之处，比如在班集体和导师评价的制度方面、在第一课堂和第二课堂的协同方面。通过编写此书，也充分认识到三全育人要想取得成效，就要在协同上下功夫，在全院形成氛围；在精准上下功夫，要因材施教，有针对性地开展工作；要在教师队伍上下功夫，教育者先受教育，学高为师，德高为范，培养高水平教师队伍，具有一批"四有"好老师是"三全育人"的基础和重要保障。

北京联合大学生物化学工程学院《潜心育人》编委会